Allegria

Die Autorin

Doreen Virtue arbeitet als Therapeutin und mediale Lebensberaterin in Kalifornien. Seit einigen Jahren setzt sie dabei auch ihre Verbindung zum Reich der Engel ein. Sie ist in den USA u.a. durch viele Fernsehauftritte bekannt und gibt regelmäßig Workshops, auch in Europa, in denen sie die von ihr entwickelte Engel-Therapie unterrichtet. Ihre zahlreichen Lebenshilfebücher sind bereits in 14 Sprachen erschienen. Weitere Informationen zu ihrer Arbeit finden Sie unter www.angeltherapy.com.

Von Doreen Virtue sind in unserem Hause erschienen:

Medizin der Engel (Allegria) • Erzengel und wie man sie ruft (Allegria) • Botschaft der Engel (Allegria) • Chakra Clearing (Allegria) • Engel-Notruf (Allegria) • Feen-Notruf (Allegria) • Der Tempel der Engel (Allegria)

Die Zahlen der Engel • Die Heilkraft der Engel • Die Heilkraft der Feen • Engel Gespräche • Neue Engel-Gespräche • Engel der Erde • Dein Leben im Licht • Das Heilgeheimnis der Engel • Zeit-Therapie • Kristall-Therapie • Engel-Hilfe für jeden Tag • Die neuen Engel der Erde • Der Hunger nach Liebe

Medizin der Engel (CD) • Die Engel von Atlantis (CD) • Die Engel der Liebe (CD) • Heilkraft der Engel (CD) • Himmlische Helfer • Heilgeheimnis der Engel (CD)

Das Engel-Orakel für jeden Tag (Kartendeck) • Das Heil-Orakel der Feen (Kartendeck) • Das Erzengel-Orakel (Kartendeck) • Das Heil-Orakel der Engel (Kartendeck) • Das Orakel der himmlischen Helfer (Kartendeck) • Das Einhorn-Orakel (Kartendeck) • Magisches Orakel der Feen (Kartendeck)

Angel Reading (DVD)

Doreen Virtue
Ute Lukomski

Kristall-Therapie

Wie Sie Ihr Leben mit der Energie der Kristalle heilen

Aus dem Amerikanischen
von Angelika Hansen

unter Mitarbeit
von Anja Fietz

Ullstein

Besuchen Sie uns im Internet:
www.ullstein-taschenbuch.de

Allegria im Ullstein Taschenbuch
Herausgegeben von Michael Görden

Aus dem Amerikanischen übersetzt von Angelika Hansen
Titel der Originalausgabe
CRYSTAL THERAPY
Erschienen bei Hay House, Inc., Carlsbad, USA

Umwelthinweis:
Dieses Buch wurde auf chlor- und säurefreiem Papier gedruckt.

Deutsche Erstausgabe im Ullstein Taschenbuch
Februar 2007
4. Auflage 2008

Umschlaggestaltung: FranklDesign, München
Titelabbildung: Shivananda Ackermann, www.artshivananda.com
Gesetzt aus der Garamond
Satz: Keller & Keller GbR
Druck und Bindearbeiten: GGP Media GmbH, Pößneck
Printed in Germany
ISBN 978-3-548-74313-4

Inhalt

Eine Einführung in die Kristall-Therapie

Kristalle sind große Heilwerkzeuge, die Sie sich zu Nutze machen können, um Ihre Selbstheilungskräfte anzuregen. In diesem Buch werden Sie etwas über die richtige Auswahl der geeigneten Edelsteine lernen (wir benutzen abwechselnd den Begriff »Stein« oder »Kristall«), um Ihnen zu helfen, jeden Bereich Ihres Lebens zu heilen, der Heilung bedarf. Kristalle können Ihre körperliche, geistige und materielle Gesundheit fördern und sind zudem in der Lage, Ihr Liebesleben günstig zu beeinflussen und sogar für einen verbesserten Schlaf Ihrer Kinder zu sorgen. Die Steine können Ihre Selbstheilungskräfte stärken und Ihnen zu einer glücklichen und friedvollen Seelenhaltung verhelfen. Kristalle sind Nachkommen aus der göttlichen Verbindung von Himmel und Erde. Sie sind ein Geschenk von Gaia, dem (weiblichen) Geist unseres Planeten, dazu auserwählt, die Kraft des Lichts und der Liebe zu verstärken. Egal, welche Art von Heilarbeit Sie anwenden – Kristalle können Sie immer dabei unterstützen. Wir wünschen von Herzen, dass auch Sie die liebevolle Energie entdecken, die von diesen edlen Steinen ausgeht.

Wenn Kristalle auch den Anschein erwecken mögen, dass es sich bei ihnen um leblose Objekte handelt, sind sie in Wahrheit jedoch sehr lebendig. Sie speichern einerseits Energie und leiten diese wiederum weiter. Das ist der Grund, warum Kristalle in Armbanduhren, Radios und modernen medizinischen Geräten Verwendung finden.

In diesem Buch werden Sie gechannelte Botschaften der Kristalle erfahren, die Sie mit der Sprache des Reiches der Kristalle bekannt machen wird. Sie werden feststellen, dass dieser Text als Handbuch sowohl für Anfänger als auch für alte Hasen der Kristallheilkunde geeignet ist. Wenn Sie wissen möchten, welche Kristalle Sie bei einem bestimmten Thema oder Problem am besten verwenden sollten, können Sie in den alphabetischen Listen nachschauen, in denen die Eigenschaften der am weitest verbreiteten Steine aufgeführt sind; darüber hinaus finden Sie dort einfache Definitionen der im Zusammenhang mit Kristallen verwendeten Begriffe (wie zum Beispiel doppelendig). Außerdem erfahren Sie, wie sich die geometrische Form und der Schliff Ihres Kristalls auf seine Energie auswirken, und erhalten interessante Informationen über den Aufbau der Kristalle - und warum dieser Prozess Ihren persönlichen Stein und seine Heilkraft beeinflusst.

Kristall-Therapie

Kristalle verstärken sowohl Ihre eigene Energie als auch die göttliche, universelle Energie, die unter verschiedenen Namen bekannt ist, einschließlich Spirit, Chi, Qi, Prana, Licht und Liebe und Reiki. Der Begriff Kristall-Therapie bezieht sich auf die Arbeit mit der Lebenskraft und den Informationen der Kristalle in Verbindung mit göttlicher Energie. Die Therapie mit Kristallen hilft Ihnen, während Ihrer Heilanwendungen die Stimme des Geistes besser zu hören und zu fühlen. Die Kristalle entwickeln ihre Funktion in erster Linie, indem sie Ihnen beim Heilen assistieren und Ihnen helfen, mit Ihren Schutzengeln zu kommunizieren.

Da es sich bei Kristall-Therapie um einen intuitiven Heilungsprozess handelt, ist eine Intensivierung Ihrer außersinnlichen Fähigkeiten während der Arbeit mit den Steinen durchaus normal.

Unsere Erfahrung mit dieser Art der Therapie hat uns gezeigt, dass Kristalle lebendig sind und erfüllt von wunderbaren und heilenden Botschaften für uns alle. Sie haben uns so viel mitzuteilen, wenn wir ihnen nur zuhören. Aus diesem Grund bezeichnen wir in diesem Buch Kristalle immer wieder als Kristallfreunde und sprechen von ihnen als Wesen und nicht als Objekte. Teil unseres Anliegens ist es, das Wissen um die Geschenke zu vergrößern, die unsere Freunde aus dem Reich der Kristalle für uns bereithalten. Schließlich besteht alles im Universum aus ständig in Bewegung begriffenen Atomen und Neutronen. Gott ist in allem, also auch in den Kristallen, deren Atome äußerst aktiv sind.

Auch Sie können wahrscheinlich die wichtigen Veränderungen fühlen, die heute überall auf der Welt zu spüren sind. Indem alles auf der Erde immer schneller wird, ist es ganz natürlich, dass Sie das Bedürfnis verspüren, Ihr Tempo zu verlangsamen und sich zu erden. Nun, Kristalle können Ihnen dabei helfen, sowohl das eine als auch das andere zu erreichen. Sie können Ihnen helfen, all die neuen Energien auf der Welt zu verstehen, indem sie spirituelle Kanäle für Sie öffnen und Sie gleichzeitig wieder mit Mutter Erde in Kontakt bringen.

Diese bemerkenswerten Wesen des Volkes der Mineralien sind auf der Erde, um die Erinnerung an die dynamischen Kräfte der Evolution in uns zu wecken. Indem wir diese weisen Freunde willkommen heißen und akzeptieren, beginnen wir, ihren positiven Einfluss zu erfahren. Sie haben geduldig auf unsere Bereitschaft gewartet, aus einem Gefühl der Integrität und Wahrheit heraus mit ihnen zusammenzuarbeiten. Sie helfen uns, alte Muster zu heilen, während sie gleichzeitig unsere Empfindsamkeit und Wahrnehmungsfähigkeit für zeitloses Wissen fördern.

Wann haben Sie zum ersten Mal einen Stein bewusst wahrgenommen, das Bedürfnis verspürt, ihn aufzuheben, und eine Schwingung entdeckt, die durch Ihre Hand pulsierte? Judith erinnert sich: »Meine Initiation geschah, als ich ein kleines Mädchen von nicht einmal fünf Jahren war und an einem warmen Sommertag in der Nähe unseres Swimmingpools saß. Ich war wie verzaubert von den funkelnden Sonnenstrahlen, die sich in den bunten Mosaiksteinen des Beckens brachen. Sie glitzerten im Licht und zwinkerten mir wie alte Freunde zu. Fasziniert lernte ich, dass jeder von ihnen ein Freund war, der Führung, Heilung und Trost anbot. Es war der Beginn einer spektakulären, lebenslangen Beziehung mit dem Reich der Mineralien.«

In der Kristall-Therapie haben sich Himmel und Erde zusammengefunden, um eine Vielzahl von Kombinationen und Strukturen zu kreieren. Machen Sie sich beim Lesen dieses Buches bewusst, dass das Reich der Mineralien Sie voller Freude willkommen heißt, die Schönheit, Macht und Freude der Kristalle zu entdecken.

1

Verwandtschaft mit Kristallen

Kristalle sind keine Modeerscheinungen - sie sind seit jeher Teil unseres 4,6 Milliarden Jahre alten Planeten gewesen. Und Sie haben in anderen Inkarnationen höchstwahrscheinlich auch schon mit ihnen gearbeitet. Daher fühlen sie sich für Sie vertraut an, und Sie wissen instinktiv, wie Sie damit arbeiten müssen. Die Kristallkinder (besonders sensible, außersinnlich begabte Babys und Kleinkinder) legen ein bemerkenswertes Wissen über Heilung mit Kristallen an den Tag - ohne dass man es ihnen beigebracht hat. Dieses innere Wissen resultiert zum Teil aus der Tatsache, dass Kristalle den Bewohnern der Erde seit Ewigkeiten als Schmuck, Heilinstrumente und Freunde gedient haben.

Haben Sie jemals darüber nachgedacht, auf welche Weise Ihr Leben von der Wiederentdeckung der Kristalle in der heutigen Zeit beeinflußt wird? In der modernen Technologie werden natürlich vorkommende Kristalle benutzt, um Radiowellen zu verstärken, und auch die »neu« entdeckte Frequenzmedizin arbeitet mit Kristallenergie. Man kann in entsprechenden Läden Kristalldekorationen für die eigenen vier Wände kaufen, während zermahlene Kristalle zu den Ingredienzien vieler Schönheitsprodukte gehören (wie es schon im alten Ägypten der Fall war). Das Wissen um das Reich der Mineralien verbreitet sich unaufhaltsam, und immer mehr Menschen sind von der Macht der Kristalle überzeugt - daher ist jetzt der perfekte Zeitpunkt, um Kristall-Therapie zu praktizieren.

Kristalle werden normalerweise mit alter, überlieferter Weisheit und himmlischen Höhlen voller Geheimnisse und Magie assoziiert. Das liegt daran, dass Kristalle die Bewahrer der Erinnerungen und des Wissens über die spirituelle Heilungsgeschichte der Erde sind und die entsprechenden Aufzeichnungen in sich tragen. Kristalle wecken vertraute Erinnerungen an riesige, funkelnde Quarzspitzen und kristallene Heilbetten im alten Atlantis, Lemurien und anderen Zivilisationen. Unsere gemeinsamen Erinnerungen an diese Zeiten drängen uns heute dazu, erneut eine Verbindung mit den Reichen der Engel und Mineralien einzugehen, altersloses Wissen wieder verfügbar zu machen und uns an die heilenden Kräfte der Natur zu erinnern, die die fortlaufende Evolution der Menschheit unterstützen.

Kristalle sind Teil der Entwicklung des Mineralienreichs in der physischen Welt. In der geistigen Welt gehören sie zu der Ebene der Elemente, zu der auch der Geist gehört, der über den Planeten wacht, ihn heilt und beschützt. Andere Mitglieder dieser Ebene sind Feen, Delfine, Elfen und Kobolde. Sie können die Gesichter der »Stein- und Mineral-Wesen« erkennen, wenn Sie sich Felsblöcke und die Quadrate von Marmorfliesen anschauen.

Diese Elemantarwesen sind Naturgeister, deren Beschaffenheit dichter ist als die der Schutzengel. Dichte bedeutet, dass die Energie dieser Wesen langsamer schwingt und uns in die Lage versetzt, körperlich zu sehen und zu fühlen. Elemente, Pflanzen, Tiere und Menschen haben die dichteste Energie, da sie im schweren physischen Energiefeld der Erde leben. Dadurch können wir Naturgeister besser sehen, fühlen und hören als die himmlischen Engel. Und da unsere Körper und unsere Ernährung aus Mineralstoffen bestehen, bedeutet dies, dass wir mit unseren Verwandten kommunizieren, wenn wir mit Kristallen arbeiten.

Wir sind dabei, in eine neue Phase unserer Beziehung mit der Erde zu treten, die sich durch größeres Bewusstsein und Respekt für das sensible Gleichgewicht zwischen der Umwelt und der Menschheit auszeichnet. Kristalle sind Fürsprecher unseres Planeten, die an die winzigen »Whos« in dem legendären Buch »Horton Hears a Who!« des Amerikaners Dr. Seuss erinnern. In diesem Buch war ein Elefant namens Horton in Begriff, eine ganze Zivilisation winziger »Whos« aufzufressen. Alle Whos beschlossen, laut zu schreien, damit Horton sie wahrnahm und sie und ihren »Planeten« nicht auffraß. Doch Horton konnte die Whos nicht hören, bis ein besonders winziger, junger Who seine Stimme erhob.

Vielleicht wird Ihr eigener persönlicher Kristall die Stimme sein, die der ganzen Menschheit hilft, die dringende Bitte von Mutter Erde zu hören, liebevoll und mit Respekt behandelt zu werden.

Unsere alten Freunde, die Kristalle

Die ergreifende Schönheit des Reichs der Mineralien ist faszinierend; daher ist es kein Wunder, dass der Mensch seit jeher Schmuckstücke aus Kristallen trägt und sie zu Heilzweckenbenutzt. Historiker und Archäologen haben die Verwendung von Kristallen bei Heilungs- und Schönheitsritualen bis in die frühesten Zivilisationen zurückverfolgt. Dabei hat man erkannt, dass Kristalle sowohl die menschliche als auch die Schwingunsfrequenz der Erde erhöhen. Unsere Vorfahren benutzen Kristalle als zeremonielle Geräte, Energieerzeuger, medizinische Instrumente und zur Verbesserung der Kommunikation. Archäologische Ausgrabungen zeugen von der Verwendung der Kristalle als persönlicher Talismann und Amulett. Außerdem waren sie schon immer als Anhänger, Schmuckstücke und wunderschöner Zierrat beliebt.

Jedes Volk in der Geschichte der Menschheit hat der Nachwelt einzigartige Aufzeichnungen hinsichtlich der Verwendung des Edelsteine hinterlassen. Von Indien bis zum amerikanischen Kontinent finden wir überall in Literatur, Wissenschaft, Kultur und den Mythen Zeugnisse für das große allgemeine Interesse an Kristallen und ihrer Verwendung. Zum Beispiel erzählt die Legende, dass es einst auf den griechischen Inseln eine Stadt rein aus Edelsteinen gab, mit Maueren aus Smaragden, goldgepflasterten Straßen und Tempeln, die mir riesigen Amethystaltären fürs Gebet und anderen rituellen Handlungen ausgestattet waren. Die Bibel erwähnt mit Buch über den Exodus die Juwelen in den Brustpanzern der Hohepriester, die sie bei ihrer geistigen Kontaktaufnahme mit den himmlischen Mächten unterstützten.

Im fernen Osten galten schön geschliffene und in Gold gefasste Edelsteine als Ausdruck von Reichtum und Status derjenigen, die sie als Schmuckstücke trugen. Edelsteine und ihre Verbindung mit den Tierkreiszeichen zeigen sich sowohl in den Abbildungen des Medizinrads der nordamerikanischen Indianer als auch in denen der ayurvedischen und westlichen Astrologie; man bezieht sich nach wie vor auf sie, und sie sind aus unserer modernen Zeit nicht wegzudenken. Die Indianer kannten die machtvollen Heileigenschaften der Edelsteine und -metalle, wie beispielsweise Türkis und Silber, die ihnen bei der Heilung des physischen, Äther- und Astralleibs halfen.

Eingeborenenkulturen, die bis heute überlebt haben, benutzen nach wie vor Kristalle bei ihren spirituellen Praktiken. Zum Beispiel führen die Aborigines in Australien Rituale durch, zu denen Kristalle und die Erzeugung von Tönen durch das Didgeridoo (eine Art lange Bambustrompete) gehören sowie Steine, die mit heiligen Mustern bemalt sind. All dieses hilft den Menschen, sich auf ihren Traumzeitreisen mit dem Göttlichen zu verbinden. Schamanen in Europa und auf den Inseln im Pazifik riefen oft die Macht der Steine an, um in heiligen Zeremonien Leiden zu lindern und Heilungen zu ermöglichen.

Die bekannteste Assoziation mit Kristallen ist vielleicht Atlantis, wo Kristallschwingungen halfen, eine Gesellschaft zu kreieren, die mit erstaunlichen technologischen Errungenschaften gesegnet war, die unsere heutigen bei weitem übertreffen. Es gibt viele Legenden über die fliegenden Maschinen der Atlanter, ihre Heilbetten und nie verlöschenden Lichtinstrumente, die ausschließlich von Kritallenergie angetrieben wurden. Mystiker wie Edgar Cayce, Ruth Montgomery und Dolores Cannon haben über das zweischneidige Schwert der Kristallmacht in Atlantis gesprochen. Einige Führer von Atlantis beschlossen, Kristalle als machtvolle Waffen zur Eroberung anderer Länder einzusetzen. Die Legende sagt, dass dieser Missbrauch der Macht der Kristalle schließlich das Herz der atlantischen Zivilisation auseinanderbrechen ließ und zu deren Zerstörung führte.

Dieses Thema findet sich auch in zwei Dialogen von Plato wieder: Timaeus und Critias, beide 360 vor Christus verfasst. Plato erhielt seine Informationen über Atlantis von Critias dem Jüngeren, dem Enkel eines griechischen Herrschers namens Solon, der anlässlich einer Reise nach Ägypten im Jahre 590 vor Christus von Atlantis erfuhr. In diesen Dialogen spricht Plato über das plötzliche Ende von Atlantis. Ob die verheerende Explosion nun auf den Missbrauch von Kristallen oder auf einen Vulkanausbruch ungeheuren Ausmaßes zurückzuführen war (wie einige moderne Theoretiker glauben) – in jedem Fall erinnern wir uns heute wieder an die Verbindung der Atlanter mit der bemerkenswerten Heilkraft der Kristalle. Doreen hat in ihrem Buch »Das Heilgeheimnis der Engel« über die Kristallbetten von Atlantis und seine Tempel geschrieben.

Wir glauben, dass das Interesse an Kristallen als Teil der spirituellen Renaissance und des Erweckungsprozesses betrachtet werden muss, in dem sich die Menschheit heute befindet. Wenn Sie über Atlantis und seine Kristalle lesen, spüren Sie dann tief in Ihrem Innern ein Gefühl des Vertrautseins mit diesem Thema? Wenn ja, ist es vielleicht Teil Ihrer Aufgabe, zu verhindern, dass diese Welt dieselben Fehler macht wie die Atlanter, als sie die Herrschaft über die Ressourcen und Länder der Erde an sich reißen wollten. Wir befinden uns an einem kritischen Zeitpunkt in unserer Geschichte, und es ist von größter Wichtigkeit, dass wir harmonische Veränderungen herbeiführen.

Wir sind offensichtlich nicht die ersten Individuen, denen es gegeben ist, die im Reich der Mineralien existierenden Fähigkeiten zu entschleiern. Lassen Sie uns jedoch die Ersten sein, die diese Fähigkeiten bewusst und mit einer reinen Intention annehmen. Die Bitte um himmlischen Beistand bei der Verbindung mit der Ebene der Engel, während wir mit der Familie der Mineralien arbeiten, sorgt für eine machtvolle und erfolgreiche Interaktion, die auf Liebe und Gnade basiert. Diese Kombination der verschiedenen Ebenen - der himmlischen, elementaren mit der irdischen - verbindet die Macht des Himmels und der Erde mit dem Ziel, eine magische Formel für Heilung zu schaffen. Lassen Sie uns jetzt die bewusste Entscheidung treffen, das Beste beider Welten anzunehmen und damit zu arbeiten.

2

Kristalle und die heilige Geometrie

Kristalline Strukturen manifestieren die Perfektion des Universums im Irdischen. Die Griechen waren eine der ersten Kulturen, die diese bedeutende Verbindung erkannten. Das Wort Kristall wird von den griechischen Begriffen kristallos und kryos abgeleitet, was so viel heißt wie »Eis« und »eiskalt«. Diese alte Interpretation kommt der Wahrheit durchaus nahe, da Kristalle sich kühl anfühlen und zum Teil wie glitzerndes Eis aussehen, das in Stein gefangen ist.

Der griechische Philosoph Pythagoras deckte grundlegende mathematische Symmetrien auf, die Bestandteil der Musik und aller physischen Formen sind. In dem Anliegen, das Universum zu verstehen, entdeckte er drei entscheidende Formen der Materie: das Tetraeder, das Hexaeder und das Dodekaeder. Er fand diese natürlichen Übereinstimmungen als Muster in der Mathematik, Sprache, Musik und Wissenschaft wieder. Seine Entdeckung bewies, dass Materie auf perfekten Formen basiert, die aus gleichlangen, gleichwinkeligen Polygonen besteht (geschlossene, flache Figuren, begrenzt von geraden Linien, mit gleichen

Seiten und Winkeln). Einhundertfünfzig Jahre später stellte Platos Schüler Theatetus zwei zusätzliche Formen fest (das Oktaeder und das Ikosaeder), welche Teile der grundsätzlichen Strukturen von Form darstellen. Zu diesem Schluss kam er aufgrund langjähriger Forschungen bezüglich des ursprünglichen pythagoräischen Theorems. Die Kombination dieser Formen bildet das, was als platonische Körper bekannt ist.

Plato brachte später diese bestehenden Formen mit den vier Elementen der Erde in Verbindung: Feuer, Wasser, Erde und Luft. Die fünfte Form repräsentiert das Geistige bzw. das Nichtmaterielle und Metaphysische. Dies sind die fünf Formen der platonischen Körper:

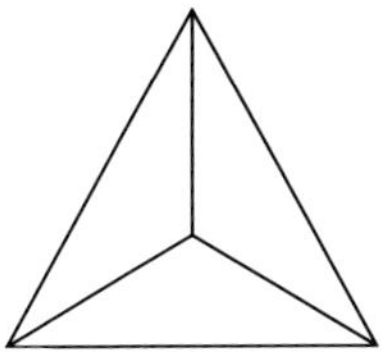

Tetraeder

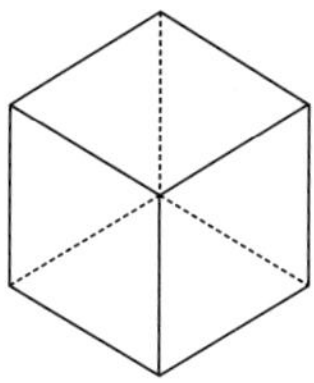

Hexaeder/Würfel

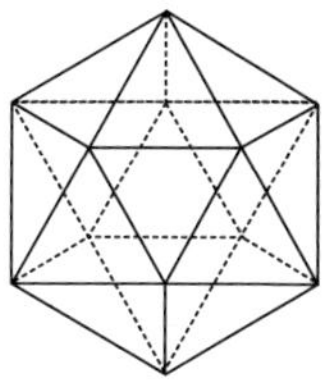

Ikosaeder

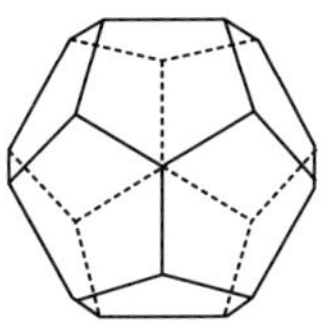

Dodekaeder

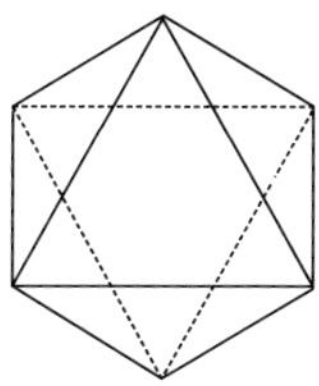

Oktaeder

Form	Anzahl Seiten	Anzahl Längen	Anzahl Ecken	Element
Tetraeder	4	4	6	Feuer
Hexaeder/ Würfel	6	8	12	Erde
Oktaeder	8	6	12	Luft
Dodekaeder	12	20	30	Geist
Ikosaeder	20	12	30	Wasser

Die platonischen Körper dienen als Schlüssel zur heiligen Geometrie und der Zahlenformel göttlichen Ursprungs. Die alten Griechen meditierten über diese fünf Formen, um spirituelle Weisheit und Führung zu erhalten. Noch heute können wir die dreieckige Form der Pyramiden in vielen Teilen der Welt sehen, die unter anderem zur Steigerung der Intensivierung spiritueller Energie dienten.

Diese symmetrischen Formen finden sich in allen Bereichen des Lebens wieder - von der Schneeflocke bis zur DNA-Kette, von der Architektur bis zum Fußball. Kristalle verkörpern diese Formen: Sie sind Geist, Energie und heilige Geometrie in materieller Form - geboren aus Mutter Erde.

Der Ursprung und das Wachstum von Kristallen

In jeder Beziehung ist das Kennenlernen des Anderen voller aufregender Entdeckungen und gemeinsamer Erfahrungen, die sich langfristig positiv auf Ihr Verhältnis auswirken. Einzelheiten über Kristallgruppen zu lernen, kann einen ähnlichen Effekt haben und die Verbindung zwischen Ihnen (als dem Beschützer) und Ihren kostbaren Steinen fördern. Indem Sie Einzelheiten über die Bildung und Zusammensetzung von Kristallen erfahren und sich ihrer wunderbaren Eigenschaften bewusst werden, bekommen Sie gleichzeitig einen Einblick in die planetarische DNA und die Dynamiken der Schöpfung, was sowohl Ihre persönliche als auch die globale Verbindung mit den Kristallen vertieft.

Himmel und Erde sind zusammengekommen und haben auf anmutige Weise Kristallwesen geschaffen – wie zum Beispiel die Tektik-Steine (die Gruppenbezeichnung für Meteoriten), die eine ausgezeichnete Verbindung mit den außerirdischen Ebenen herstellen –, wobei die geologische Struktur der Erde eine wichtige Rolle spielte.

Die Erde besteht aus drei Schichten: Kern, Mantel und Kruste. Die extremste Hitze befindet sich im Zentrum der Erde oder in ihrem Kern, gefolgt vom Erdmantel, wo die inneren Temperaturen weniger konzentriert sind als in den kühlsten Breichen, die als die (Erd-)Kruste bezeichnet werden. Innerhalb dieser drei Schichten formt sich Magma (geschmolzener Stein), kühlt ab und vermischt sich mit Wasser. Dabei bilden sich unterschiedliche Ablagerungen von vulkanischem, metamorphischem und Sedimentgestein.

In der Regel werden diese Ablagerungen auf vier verschiedene Arten geformt:

1) **Durch Kristallisation,** bei der sich die Elemente bei extremen Temperaturen miteinander verbinden und während der Abkühlphase Mineralien ausbilden.

2) **Durch Rekristallisation** bzw. die zweite Bildungsweise eines Minerals durch extreme Temperaturen und Druck, was zu einer neuen chemischen Reaktion führt und wiederum eine andere Form erzeugt.

3) **Kondensierung** von wässrigen Lösungen, in denen sich die Elemente miteinander vermischen und reagieren, um eine neue chemische Verbindung einzugehen. Durch diesen Prozess entsteht z. B. der Opal.

4) **Chemische Veränderungen,** bei denen veränderte natürliche Gegebenheiten neue Kombinationen hervorrufen. So entsteht beispielsweise der Malachit durch die Oxydation von Chalcopyrit (Kupfer).

Wie Sie sehen bilden sich Mineralien unter den verschiedensten Umständen, indem sie chemische Bestandteile,

Druckverhältnisse und Temperaturen aufnehmen. Dabei spielen auch die Mechanismen eine Rolle, die mit der Verschiebung der Erdplatte zusammenhängen (Bewegungen von Erdzonen, in deren Verlauf sich der Meeresboden ausdehnt, was als Grund für die Verschiebung der Kontinente angesehen wird).

Kristalle, Mineralien, Steine und Edelsteine

Wenn Sie mit Kristallen arbeiten, werden Sie eine Menge Begriffe hören, die zunächst verwirrend und kompliziert erscheinen. Doch indem Sie die verschiedene Herkunft der Steine besser kennen lernen, werden Sie bald den Unterschied zwischen Kristallen, Mineralien, Steinen und Edelsteinen erkennen.

Einige ihrer wesentlichen Eigenschaften können folgendermaßen beschrieben werden:

- **Kristalle** sind in der Regel klare Quarzformationen, aber auch die winzigen Bestandteile chemischer Elemente werden als Kristalle bezeichnet.

- **Mineralien** sind chemische Elemente mit einer kristallinen Struktur, beispielsweise Salz oder Schwefel.

- **Steine** sind ein Gemenge von Mineralien, die aus einer besonderen Mischung von Elementen und Umweltbedingungen gebildet werden.

- Die Unterteilung in **Edelsteine und Halbedelsteine** wird je nach Farbe, Verfügbarkeit und Förderungsbedingungen vorgenommen. Die vier kostbarsten Steine sind Smaragd, Diamant, Rubin und Saphir.

Obwohl es mehr als einhundert Edelsteine und mehrere tausend Arten von Mineralien gibt, können sie mit Hilfe eines Sieben-System-Formats eingeteilt werden, welches der französische Wissenschaftler René-Just Haüy im späten 18. Jahrhundert entwickelt hat, zu der Zeit, als sich die Kristallographie, die Wissenschaft über die Kristalle, entwickelte.

Das Kristallographie-System geht von der Annahme aus, dass sich Steine durch natürliche atomare Kräfte bilden, die die symmetrischen äußeren Seiten eines Kristalls entstehen lassen. Das Mineral wird, entsprechend der Anzahl seiner Seiten, einem bestimmten System zugeordnet.

Das hört sich kompliziert an, doch wenn man darüber nachdenkt, erkennt man, warum die Einteilung von Kristallarten sinnvoll ist. Zu Haüys sieben Gruppen fügen die meisten Kristallexperten noch zwei weitere hinzu, die unten aufgeführt sind. Es ist nicht nötig, diese Kategorien auswendig zu lernen (und auch nicht, sie vollkommen zu verstehen), um Nutzen aus der Kristall-Therapie und der Heilkraft zu ziehen, die die Kristalle für uns darbieten.

Kristallformen	Entsprechende Mineralien
Würfel	Pyrit, Granat, Makkasit
Hexagonal	Quarz, Beryll (Aquamarin, Smaragd)
Monoklin	Jade (Jadeit, Nephrit, Selenit)
Orthorhombisch	Alexandrit, Katzenauge
Tetragonal	Zirkon, Chalcopyrit (Kupfer)
Triklin	Felsmanit, Labradorit, Mondstein
Trigonal	Turmalin, Quarz, klarer Quarzkristal (Bergkristall), Dioptas
Amorph/ nichtkristallin	Obsidian, Bernstein
Organische Formen	Koralle, Perle

Künstlich hergestellte und natürliche Steine

Wenn Sie einen Kristall erwerben, werden Sie unter Umständen feststellen, dass manche von ihnen künstlich hergestellt wurden, während andere ein Naturprodukt sind. In den meisten Fällen kosten künstliche Steine weniger, daher könnten Sie versucht sein, sich für einen anscheinend günstigen Preis zu entscheiden. Doch bevor Sie dies tun, nehmen Sie sich die Zeit, um die Energie eines solchen Steins zu fühlen. Vergleichen Sie Ihr Gefühl, wenn Sie einen künstlichen Stein in der Hand halten, mit dem eines natürlichen Steins. Wahrscheinlich werden Sie mehr warme, liebevolle Energie von dem natürlichen Stein spüren.

Natürlich entstandene Steine zeugen von der langen Geschichte von Mutter Erde, ihrer Liebe und ihrem Wissen; und Steine wie zum Beispiel der Moldavit sind Geschenke aus der Schatztruhe des Himmels. Synthetische Steine können unter Umständen in der Kristall-Therapie Verwendung finden, was jedoch nicht oft der Fall ist. Viele Menschen fühlen, dass ihre Energie eine andere Schwingung aufweist als bei der Benutzung natürlicher Steine. Zum Teil ist der Unterschied bezüglich der Energie auf das Alter der Kristalle zurückzuführen: Organisch entstandene Steine enthalten die Weisheit zahlloser Erdzyklen, während künstlich hergestellte eine jüngere Energie aufweisen. Im Zusammenhang mit der Verwendung in der Kristall-Therapie ist es also wichtig zu verstehen, wie Mineralien geformt, gefördert, gefunden und verkauft werden.

Abbauen im Vergleich zu Finden

Beim Abbau von Mineralien ist das Sammeln von Kristallen meist eher eine Begleiterscheinung. Das Ziel der Bergleute ist vielleicht das Finden einer bestimmten Erzart oder die Vorbereitung einer Infrastruktur, und falls sie im Laufe ihrer Tätigkeit Kristalle finden, sammeln sie diese ein. Aufgrund der wachsenden Beliebtheit von Kristallen gibt es heute jedoch den neuen Trend, den Abbau dieser Mineralien als das wichtigste Ziel zu betrachten. In manchen Fällen benutzen die Bergleute Dynamit, um die Steine aus der Erde zu lösen. Nach Möglichkeit sollte man die Steine jedoch von Hand abbauen. Noch besser ist, wenn man sie findet, anstatt sie gewaltsam der Erde zu entreißen. Es ist kein Zufall, dass Umweltschützer mit allen Kräften die Erde verteidigen, und zwar nicht nur zum Wohle der Tier- und Pflanzenreiche, sondern auch zum Wohle der Menschen. Die wunderbaren Stein-Wesen brauchen unsere Hilfe - ihre Wohnstätten werden durch brutale Techniken zerstört, einschließlich Dynamitexplosionen und Einsickern von Chemikalien.

Sie können durch bewusstes Einkaufen helfen, vergleichbar mit dem Kauf von biodynamischen Lebensmitteln oder Fleisch von Tieren aus artgerechter Haltung. Entweder fragen Sie den Händler nach der Herkunft und Geschichte des Kristalls, oder Sie fragen den Stein selbst: Halten Sie ihn in der Hand, schließen Sie die Augen und fragen Sie ihn innerlich, auf welche Weise er aus der Erde geholt wurde. Geschah es auf gewaltsame Weise, oder wurde er gefunden und dankbar mitgenommen? Vertrauen Sie der Antwort, die Sie erhalten.

Fragmente negativer Energie können in dem Kristall zurückgeblieben sein, wenn er auf gewaltsame Weise aus der Erde gefördert wurde, und man kann diesen Rest negativer

Energie in seiner Schwingung fühlen. Wenn Sie der Bewahrer eines solchen Steins sind, säubern Sie ihn mit der Absicht, seine reine, fließende Energie freizulegen, und segnen Sie anschließend den Heilprozess sowohl des Steins als auch der Erde, aus der er gekommen ist. In den meisten Fällen können Sie als Reaktion eine sofortige Veränderung in der Schwingung des Kristalls fühlen.

***

Es ist eine Ehre, der Bewahrer eines Kristalls zu sein. Behandeln Sie ihn, wie Sie einen guten Freund behandeln würden: Mit anderen Worten, pflegen und respektieren Sie ihn. Seine Hilfe und Unterstützung verstärkt Ihre Fähigkeit, sich dem Inneren der universellen Weisheit zu nähern.

3

Angewandte Kristall-Therapie

Kristalle sind viel mehr als nur schöne Schmuckstücke. Sie sind machtvolle Energieleiter, und ihre herrlichen Farben, Formen und Einschlüsse (Spuren von Fremdsubstanzen, die in dem Stein eingeschlossen sind) wirken sich allesamt auf ihre Fähigkeit aus, Energien zu verstärken. Seit der Zeit von Atlantis, und vielleicht sogar schon vorher, wurden Kristalle benutzt, um Heilungen durchzuführen. Kristalle verstärken Energie in einem Prozess, der Piezoelektrizität genannt wird, und seit geraumer Zeit setzen Krankenhäuser Quarzkristalle, Mikrogleichschalter und piezoelektrische Sensoren bei der Diagnostik und Heilung von Krankheiten ein. Außerdem werden Kristalle bei der Herstellung von Radios verwendet, bei Uhren und anderen elektronischen Geräten. Und vergessen Sie nicht, dass unsere Körper sowie unsere Nahrung einen hohen Anteil von Mineralien aufweisen, was diese Elemente zu einem Teil unserer irdischen Familie macht.

Wenn Sie wie wir glauben, dass Gott omnipräsent ist – also allgegenwärtig –, dann lebt der Schöpfer auch in den Kristallen. Diese »Stein-Wesen« haben einen lebendigen

Geist; sie sind liebevolle Wesen, deren Wunsch es ist, Ihnen und dem Planeten Freude, Heilung und Glück zu bringen.

Kristalle und Intentionen

Kristall-Therapie ist eine intuitive Art der Arbeit mit Steinen, durch die die verschiedensten Arten von Heilung erzielt werden können. Wenn Sie mit diesen Gefährten arbeiten, rufen Sie die Energie der Engel und ihre Führung herbei. Außerdem channeln Sie damit göttliches Licht durch Ihren Körper, dann in den Kristall und auf diese Weise in die Person oder das Tier, das die heilende Energie empfängt. Dieser Prozess wird Ihnen wahrscheinlich schnell in Fleisch und Blut übergehen, da man davon ausgehen kann, dass Sie sich bereits in einer früheren Inkarnation oder während Ihrer Seelenreisen in der Traumzeit mit der einen oder anderen Version der Kristall-Therapie beschäftigt haben. Sie werden wiederentdecken, dass diese Therapie eine freudige und erhebende Erfahrung ist, sowohl für den Heiler als auch für den, der geheilt wird.

Während Sie die Kristall-Therapie durchführen, vergessen Sie nicht, dass Ihre Intention das Resultat bestimmt, und da Kristalle Energie verstärken, werden Sie natürlich auch Ihre grundlegende Intention verstärken. Bevor Sie also mit einer Heilbehandlung beginnen, nehmen Sie sich die Zeit, sich zu zentrieren und Ihren Geist und Körper zu entspannen. Stellen Sie sich die Frage: »Welche Intentionen habe ich bei dieser Session?«

Seien Sie ehrlich mit sich selbst. Wenn Sie zum Beispiel spüren, dass Ihre Motivation darin besteht, andere mit Ihrem besonderen »Heilungsgeschenk« zu beeindrucken, sollten Sie sich klarmachen, dass es sich hierbei um eine egobezogene Intention handelt. Das ist kein Grund, sich zu schämen, da jeder gelegentlich in solche Fallen tappt. Wenn Sie jedoch absichtlich mit Kristallen arbeiten, um andere zu beeindrucken, dann werden Sie durch Ihr Tun lediglich die dieser Absicht zugrunde liegende Angst verstärken (»Was ist, wenn sie mich nicht mögen?«).

Sollten Sie sich in einer solchen Situation wiederfinden, konzentrieren Sie sich auf den Gedanken: *»Erzengel Jophiel, Michael und Raphael, bitte helft mir, die reine Intention von Licht, Liebe und Dienen aufrecht zu halten.«* Diese Engel (später im Einzelnen näher beschrieben) werden Ihnen helfen, Heilung von Ihrem höheren Selbst anstatt von Ihrem Ego zu channeln.

Eine andere auf dem Ego basierende Intention, die eine Heilung blockieren kann, ist der Glaubenssatz, dass Ihr Klient Ihre Einkommensquelle darstellt. In Wahrheit sind das Licht und die Liebe, die durch Sie und in Ihren Klienten strömen, die Quelle von allem, was Sie benötigen. Eine Behandlung mit der Angst vor finanziellem Mangel zubeginnen wird dazu führen, dass Ihre Intentionen sich auf diese Angst richten und den Fluss heilender Energie verringern. Es ist nicht falsch oder schlecht, Geld für die Heilarbeit anzunehmen - im Gegenteil; wenn ein Klient Ihnen Geld oder irgendeine andere Art der Bezahlung zukommen lässt, so ist dies ein gesunder und empfehlenswerter Energieaustausch für beide Seiten. Es ist jedoch wichtig zu verstehen, dass Kompensation ein natürlicher Teil des universellen Gesetzes von Geben und Empfangen ist. Sie kommt nicht von Ihrem Klienten, vielmehr fließt sie durch ihn aus der Quelle von allem, was ist.

Außerdem sollten Sie darauf achten, dass Sie dem Himmel nicht ein Drehbuch überreichen, in dem es heißt: »Ich möchte, dass die Heilbehandlung so oder so verläuft, mit diesen spezifischen Resultaten.« Dem Himmel die von Ihnen gewünschten Resultate genau zu beschreiben, kann Sie daran hindern, ein besseres oder genialeres Resultat zu empfangen – daher machen Sie sich keine Sorgen und versuchen Sie nicht, dem Universum zu sagen, wie die Heilung geschehen sollte. Vergessen Sie nicht, dass die göttlichen Kräfte und die unendliche Weisheit des Universums häufig mehr für uns wollen, als wir für uns selbst wollen, und dass die Quelle wunderbare kreative Möglichkeiten kennt, eine Heilung zu manifestieren. Überlassen Sie das »Wie« jeglicher Heilung oder Manifestation Gott, und Sie werden das Ganze mehr genießen, weniger persönlichen Stress empfinden und positivere Resultate erzielen.

Zu den besten Intentionen – jenen, die Heilung und Manifestation am zuträglichsten sind – gehören folgende:

- Ein reiner Kanal göttlicher Liebe und göttlichen Lichts zu sein.

- Dem Wesen, mit dem Sie arbeiten, von ganzem Herzen zu dienen.

- Während der Behandlung die Führung der Engel klar zu hören, zu sehen, zu fühlen und zu wissen.

- Ein Instrument der Heilung zu sein, mit dem bestmöglichen Resultat und zum höchsten Wohle aller Beteiligten.

- Der Erde und allen, die sie bewohnen, Segnungen zu bringen.

Diese Ziele sorgen dafür, dass Sie sich öffnen wie der klarste und machtvollste Kristall und zu einem Kanal für machtvolle Heilenergie werden. Darüber hinaus können Sie auch Ihre Engel, geistigen Führer, den Schöpfer und Ihr höheres Selbst bitten, Sie zu führen und Ihre Gedanken rein zu halten. Kristallklare Intentionen maximieren die Energie, die durch Sie und den Stein fließt.

Nachdem Sie sich Ihre Wünsche und Ziele für die Heilbehandlung klargemacht haben, werden Sie sich vielleicht fragen, ob Sie wissen, was Sie während der Arbeit mit den Kristallen tun müssen. Haben Sie keine Angst - vertrauen Sie darauf, dass Sie in jedem Moment klare Führung erhalten werden, die Sie problemlos verstehen. Ihre vorher gefassten reinen Intentionen garantieren eine wunderbare Heilbehandlung und das entsprechende Resultat.

Anrufen der Engel

Zunächst sollten Sie Ihre Engel herbeirufen und um Hilfe und Führung bitten. Sie könnten zum Beispiel innerlich sagen:

> *»Göttliche Liebe, Licht der Schöpfung und Engel der Heilung, ich rufe euch jetzt herbei. Bitte helft mir, führt und beschützt mich bei… (nennen Sie Ihre Intentionen bezüglich Heilung oder Manifestation). Ich bitte euch, zum Zwecke der Heilung und entsprechend dem höchsten Willen eure Weisheit, Liebe und Licht durch mich und durch die Kristalle zu senden. Danke.«*

Neben Ihren Schutzengeln können Sie auch die »Kristallengel« anrufen – Engel, deren Spezialität es ist, uns mit der Energie der göttlichen Liebe im Gestein der Erde, mit ihren Mineralien und Kristallen zu verbinden. Judith erinnert sich an das erste Mal, als sie Kontakt mit einem Kristallengel hatte: »Als ich anfing, mit der Kristallenergie Kontakt aufzunehmen, spürte ich, dass eine Wesenheit in meiner Nähe war. Nicht nur die kristalline Frequenz, sondern darüber hinaus eine Energie himmlischer Leichtigkeit, die mich mit Liebe umgab. Zuerst dachte ich, es handele sich um meinen Schutzengel oder vielleicht um die Erzengel, doch dann lernte ich ›Crystal‹ kennen (der Name dieses bestimmten weiblichen Kristallengels, der zu mir gekommen war). Ihre Schwingung ist fürsorglich und nährend, so als hätte Mutter Erde Form angenommen. Ich sah ihre freudige Essenz in Schattierungen von sanftgoldenem Licht, mit Nuancen von Rosa und Grün, die mich an regenbogenfarbige Einschlüsse in einem klaren Quarzkristall erinnerten, wenn das Licht darüber tanzt.«

Bei der Durchführung der Kristall-Therapie ist es empfehlenswert, die Kristallengel einzuladen, sich zu Ihnen zu gesellen. Sie werden Ihnen bei der Auswahl des richtigen Kristalls und beim Verständnis der ihm innewohnenden Weisheit helfen. Die Botschaft der Kristallengel ist einfach, aber kraftvoll:

»Entspanne dich und atme tief und ruhig. Der Himmel und die Erde bieten dir ihre Hilfe an. Niemand macht eine Reise je ganz alleine. Wenn du eine Frage hast, dann stelle sie, und du wirst das Wissen erhalten, das du suchst. Vertraue in deine Fähigkeit, zu erkennen, was für dich richtig ist. Höre mit offenem Herzen hin, denn wir kommen zu dir mit strahlenden Juwelen der Weisheit und bringen Geheimnisse mit, die vergessen waren und nun wiederentdeckt werden.«

Die Kristallengel und Ihre Schutzengel werden Ihnen helfen, den richtigen Stein für Ihre Kristall-Therapie zu wählen, oder Sie können in Kapitel 7 nachlesen bzw. sich die Tabellen in diesem Buch anschauen, um den Stein zu finden, der Ihren Intentionen entspricht. Während der Heilbehandlung werden die Engel Ihre Hand halten und Ihnen zeigen, wie und über welche Körperstelle Sie den Kristall halten müssen. Diese Führung wird in Form eines Gefühls im Bauch auftreten oder sich durch Intuition, Visionen, Worte oder Gedanken bemerkbar machen. Sollten Sie Ängste oder Zweifel bezüglich Ihrer Fähigkeiten haben, rufen Sie innerlich Erzengel Michael an, der uns Mut gibt und Ängste beseitigt. (Denken Sie einfach nur: Erzengel Michael, und er wird sofort zu Ihnen kommen - garantiert!)

Sie können Ihre Engel herbeirufen, die Engel der Person, der Sie heilende Energie senden wollen, die Erzengel - oder eine Kombination daraus bzw. alle zusammen. Je mehr Hilfe uns zuteil wird, desto besser!

Erzengel sind die »Manager« unserer Schutzengel, und ein Typus der neun Engelvarianten (zu denen Engel, Erzengel, Fürstentümer, Mächte, Tugenden, Herrschaften, Throne, Cherubim und Seraphim gehören). Von diesen neun Formen sind die Engel und Erzengel am meisten damit beschäftigt, der Erde und ihren Bewohnern zu helfen.

Erzengel sind größer und mächtiger als Engel. Sie besitzen keine physische Form, sind jedoch sehr spürbar, hörbar und sichtbar, wenn Sie sich auf sie einstimmen. Als nichtphysische himmlische Wesen sind sie geschlechtslos; ihre jeweiligen Spezialitäten und Eigenschaften verleihen ihnen jedoch deutlich männliche oder weibliche Energien und Persönlichkeiten.

Die Beschäftigung mit den Engeln und diesbezügliche Texte sind so alt wie die Menschheit und gehören keiner bestimmten Konfession an - tatsächlich listen uralte monotheistische, spirituelle Texte fünfzehn Engel auf. Sie haben manchmal unterschiedliche Namen, doch nachfolgend finden Sie die bekanntesten, zusammen mit ihren Spezialitäten und Eigenschaften, damit Ihnen die Entscheidung leichter fällt, wen Sie während Ihrer Kristall-Therapiesitzung herbeirufen möchten:

Ariel: Ihr Name bedeutet »Löwin Gottes«. Sie heilt wilde Tiere und hilft der Umwelt.

Azrael: Seine Name bedeutet »Der, dem Gott hilft«. Er heilt Trauer und hilft jenen, die Trauernde trösten.

Chamuel: Seine Name bedeutet »Der, der Gott sieht«. Chamuel heilt Ängste und verhilft zu globalem und persönlichem Frieden. Außerdem hilft er, verlorene Gegenstände, Orte und Personen wiederzufinden.

Gabriel: Ihr Name bedeutet »Botschafterin Gottes«. Gabriel hilft und heilt während der Empfängnis, Schwangerschaft und Geburt; sie beseitigt Ängste bezüglich kreativer Projekte; und ganz besonders hilft sie Eltern, Journalisten und Rednern.

Haniel: Ihr Name bedeutet »Ruhm Gottes«. Sie heilt den weiblichen Zyklus und verbessert Hellsichtigkeit.

Jeremiel: Sein Name bedeutet »Gottes Gnade«. Er heilt Emotionen und hilft uns, eine Inventur unseres Lebens vorzunehmen, damit wir vergeben und positive Veränderungen in Angriff nehmen können.

Jophiel: Ihr Name bedeutet »Schönheit Gottes«. Jophiel heilt Negativität und Chaos; sie bringt Schönheit und wohltuende Organisation in unsere Gedanken, unser Zuhause, an unseren Arbeitsplatz und jede andere Umgebung, wenn sie herbeigerufen wird.

Metatron: Früher als Prophet Enoch bekannt, heilt Metatron Lernschwierigkeiten und Kindheitsprobleme, hilft den neuen Indigo- und Kristallkindern. (Bei Propheten, die zu Erzengeln aufstiegen, gibt es keine wörtlichen hebräischen Übersetzungen bezüglich der Bedeutung ihrer Namen.)

Michael: Sein Name bedeutet »Der, der Gott ähnlich ist«. Er befreit uns von Ängsten und Zweifeln, beschützt uns und beseitigt jegliche Negativität.

Raguel: Sein Name bedeutet »Freund Gottes«. Er bringt Harmonie in alle Beziehungen und hilft, Missverständnisse zu heilen.

Raphael: Sein Name bedeutet »Er, der heilt«. Raphael heilt physische Erkrankungen von Menschen und Tieren und lässt Heilern und solchen, die es werden wollen, seine Führung angedeihen.

Raziel: Sein Name bedeutet »Gottes Geheimnisse«. Er heilt spirituelle und psychische Blockaden, und er hilft uns bei der Interpretation von Träumen und Erinnerungen an vergangene Inkarnationen.

Sandalphon: Früher als der Prophet Elijah bekannt, heilt Sandalphon aggressive Tendenzen und unterstützt Musiker sowie jede Art von Musik, die zu Heilzwecken benutzt wird.

Uriel: Sein Name bedeutet »Gott ist Licht«. Uriel heilt Bitterkeit, Ablehnung und die Unfähigkeit zur Vergebung; darüber hinaus verleiht er Einsichten und neue Ideen.

Zadkiel: Sein Name bedeutet »Gerechtigkeit Gottes«. Er heilt alles, was mit Erinnerung und mentalen Funktionen zu tun hat.

Zusätzlich zu den Engeln und Erzengeln möchten Sie vielleicht die Macht und Hilfe der aufgestiegenen Meister herbeirufen. Diese Wesen sind großartige Menschen, die uns aus der geistigen Welt zu Hilfe eilen. Viele von ihnen sind legendäre Lehrer und Heiler der verschiedensten Religionen und Kulturen, wie zum Beispiel Jesus, Moses, Buddha, Quan Yin, Ganesh, die Heiligen und die Göttinnen.

Außerdem werden Sie während Ihrer Kristall-Therapiesitzung eventuell Besuch einiger aufgestiegener Meister erhalten. Für weitere Informationen dazu esen Sie bitte Doreens Buch »Archangels and Ascended Masters« (Erzengel und aufgestiegene Meister).

***

Sobald Sie Ihre Engel und Erzengel angerufen haben (und vielleicht auch die aufgestiegenen Meister), werden diese unendliche göttliche Liebe und Licht durch Sie pulsieren lassen. Ihr Kristall wird diese Energie konzentrieren und in den Menschen, das Tier oder das Objekt leiten, den bzw. das Sie heilen wollen. Wenn Sie zum Beispiel jemandem helfen wollen, der trauert, werden Ihre Engel Sie wahrscheinlich dazu anleiten, Obsidian, Lapislazuli oder Rosenquarz in die Nähe des Herzchakras der Person zu halten, um Gefühle von Verlust oder Trauer zu lindern. Dann werden die Engel eine starke Welle liebevollen Lichts durch Sie und den Kristall senden, um Depression, Schuldgefühle, Wut oder andere emotionale Blockaden aus dem Herzen des Betreffenden zu lösen. Gemeinsam mit dem Stein werden Sie wie ein Hochdruckreiniger funktionieren und machtvolle Ströme reinigenden Lichts senden, mit dem Ziel, toxische Energien zu beseitigen.

Verschiedene Formen der Kristall-Therapie

Es gibt viele unterschiedliche Formen der Kristall-Therapie, und ihnen allen gemeinsam ist die Tatsache, dass Kristalle Instrumente sind, die Ihre Heilabsichten verstärken. Hier sind ein paar Möglichkeiten, wie Sie diese Instrumente anwenden können:

Kommunikation mit den Engeln: Halten Sie einen Celestit oder Angelit in der Hand (oder meditieren Sie in seiner Gegenwart), verbunden mit Ihrer Intention, Kontakt mit Ihren Schutzengeln und den Erzengeln aufzunehmen. Natürlich sind Kristalle keine Voraussetzung dafür, die Engel hören zu können oder mit ihnen zu reden. Diese Steine sind jedoch in einer Weise auf die Ebene der Engel eingestimmt, dass sie wie Megaphone wirken und die Lautstärke Ihrer Konversation mit den himmlischen Kräften verstärken.

Astralreisen: Bei Astralreisen oder außerkörperlichen Erfahrungen reist Ihre Seele frei und ungehindert durch das Universum, während sie durch eine göttliche Silberschnur mit Ihrem Körper verbunden bleibt. Wenn Sie einen Apophyllit tragen oder in der Hand halten, während Sie über eine solche Reise meditieren, kann er diese Erfahrung beschleunigen und intensivieren.

Chakra-Balancing: Chakren sind die Hauptenergiezentren in unserem Körper, die physische Vitalität, emotionale Stimmungen und spirituelle Fähigkeiten regulieren. Wenn diese Zentren im Gleichgewicht sind, bewegen wir uns harmonisch durchs Leben; sind sie aus dem Gleichgewicht geraten, breitet sich in dem entsprechenden Bereich Chaos aus. Kristalle können uns helfen, unsere Chakren zu reinigen und zu harmonisieren. Zu diesem Zweck legen Sie sich am besten hin und platzieren die folgenden Steine auf den Chakrapunkten Ihres Körpers oder legen sie unter das Bett oder den Massagetisch, auf dem Sie liegen. Oder Sie halten den Stein einfach in der Hand und meditieren:

Chakrabereich	Entsprechende Kristalle
Wurzelchakra (Basis der Wirbelsäule)	Granat, Rauchquarz, Hämatit
Sakralchakra (zwischen Steißbein und Nabel)	Bernstein, Citrin, orangefarbener Calzit
Solarplexus (Magenbereich)	Tigerauge, Citrin, Topas
Herz (Brustbereich)	Rosenquarz, Smaragd, Kunzit
Kehlchakra (Adamsapfelbereich)	Aquamarin, Türkis
Drittes Auge (zwischen den Augen)	Amethyst, Lapislazuli
Ohr (über den Augenbrauen)	Gefurchter Quarz, Rosa Turmalin, Tanzanit
Kronenchakra (Scheitel)	Sugilith, klarer Quarz-kristall (Bergkristall), Charoit

Farbtherapie: Farbige Steine enthalten viele der Eigenschaften, die mit der Farbtherapie assoziiert werden, zu denen normalerweise gedämpftes Licht oder kleine Flaschen zweifarbiger Flüssigkeiten gehören, wie zum Beispiel bei Aura-Soma (der Therapie, die heilende Energien von Farben, Pflanzen und Kristallen kombiniert). Das Auswählen der entsprechenden Steine gewährt eine verbesserte Fähigkeit, das eigene Leben oder das anderer Personen zu intensivieren oder ins Gleichgewicht zu bringen. Zum Beispiel reflektiert ein Rubin lebenspendende rote Energie, ähnlich dem Blut, das leicht durch unseren Körper fließt. Rosenquarz repräsentiert bedingungslose Liebe, die mit der Schwingung der harmonischen universellen Liebe korrespondiert, die wir beim Anblick der Farbe Rosa fühlen.

Kristallbäder: Salz- und Mineralbäder sorgen für tiefgehende Reinigung und tragen dazu bei, das aurische Feld sauber zu halten, indem sie die Reste alter oder unerwünschter Energie beseitigen. Sie können beim Baden Ihre Kristalle mit in die Wanne nehmen, um die Heileigenschaften des Badewassers zu verstärken. Wählen Sie anhand der Liste in Kapitel 7 dieses Buches den Stein, der mit der von Ihnen gewünschten Intention assoziiert ist (wie beispielsweise Orangen-Quarz zur Verbesserung Ihrer Kreativität). Bäder mit Meersalz und Kristallen entfalten ihre Wirkung besonders stark in Verbindung mit Blumenessenzen. Versuchen Sie jedoch stets, Steine zu wählen, denen das Salzwasser nichts anhaben kann (oder testen Sie sie zuerst – Selenit, eine Art Gips, wird sich beispielsweise in heißem

Salzwasser auflösen). Sie können die Steine auch an eine trockene Stelle in der Nähe der Badewanne legen, wo sie dennoch ihre wohltuenden Wirkungen ausüben und Energien schenken können.

Trinkwasser: Die Anreicherung Ihres Trinkwassers mit sauberen und polierten Kristallen wird zu einer höheren Schwingung des Wassers führen und gleichzeitig seine Heileigenschaften intensivieren. (*Bitte beachten:* Vorsicht beim Trinken, dass Sie keine Steine verschlucken.)

Elixiere: Wenn Sie dem Wasser gemahlene Kristalle hinzufügen, erhalten Sie ein kraftschenkendes Elixier. Dieses uralte medizinische Hilfsmittel setzt ein ausgeprägtes Wissen voraus; man muss sichergehen, dass nur die dafür geeigneten Steine benutzt werden, da das Reich der Mineralien vielfältige Kombinationen chemischer Stoffe aufweist. Das Trinken jedweder Mischung erfordert ein profundes Verständnis der wahrscheinlichen und potenziellen Wirkungen auf den physischen Körper. Aus diesem Grund raten wir Ihnen, mit einem erfahrenen Therapeuten zu arbeiten, wie beispielsweise einem homöopathisch geschulten Arzt oder einem Ernährungsberater, anstatt Elixiere selbst zuzubereiten.

Feng Shui: Feng Shui ist die alte chinesische Kunst der richtigen Platzierung, bei der alles in unserer Umgebung Bedeutung und Sinn hat. Kristalle sind natürliche irdische Elemente, die oft Teil des komplizierten Gleichgewichts des Chi (Energie) in Wohnhäusern und Gebäuden sind. Kristalle, die mit der Feng-Shui-Bagua-Liste korrespondieren, finden Sie auf Seite 191 in diesem Buch.

Erdung und Schutz: Wenn Sie sich abgehoben und losgelöst von Ihrer Umwelt fühlen, so als würden Sie in einem traumähnlichen Zustand durch Ihr Leben wandeln, können Kristalle Ihnen helfen, sich zu erden und Ihren Fokus wieder auf das Hier und Jetzt zu richten. Außerdem können die Steine Ihren persönlichen Energie-Schutzschild verstärken, damit Sie nicht von den intensiven und zuweilen rauen Energien der Welt bombardiert werden. Hämatit, schwarzer Turmalin und Obsidian sind ausgezeichnete Steine, wenn Sie sich niedergeschlagen oder irgendwie durcheinander fühlen oder wenn Sie Ihr persönliches Schutzschild verstärken müssen. Tragen Sie diese Steine bei sich als stille Gefährten, die Sie auf dem Boden der Tatsachen halten.

Gruppendynamik: Kristallgruppen (einzelne Kristalle, die viele individuelle Spitzen haben können, die wie strahlende Sterne aus ihnen herauswachsen) bringen Harmonie, Kooperation und Effizienz in Familien- und Geschäftszusammenkünfte. Genauso wie eine Gruppe sich aus mehreren einzigartigen Perspektiven zusammensetzt, besteht ein gebündelter Quarzkristall aus individuellen Spitzen, die eine Einheit bilden. Platzieren Sie den Stein in der Nähe des Ortes der Begegnung oder immer dort, wo Gruppenkommunikation stattfindet.

Heilen: Wie anfangs in diesem Buch erwähnt, ist kristalline Energie ein erstaunlicher Verbündeter, wenn es darum geht, aus dem Gleichgewicht geratene Bereiche in Harmonie zu versetzen bzw. Krankheiten sowohl im ätherischen als auch emotionalen und physischen Körper zu heilen. Wenn Sie mit der entsprechenden Intention, himmlischer Führung und ausgewählten Steinen arbeiten (wie zum Beispiel den in Kapitel 7 aufgelisteten), führt dies zu einer potenten Verbindung, die wie ein Kanal Ströme liebevoller Energie aus dem Himmel und der Erde durch den Körper fließen lässt.

Schmuck: Es ist eine gute Idee, Steine als Schmuck zu tragen, vor allen Dingen im Bereich des Herzens und der Kehle. In ähnlicher Weise können auch Gürtel eine neue Dimension schaffen, indem sie für eine zuverlässige Energieübertragung in der Nähe des Solarplexus sorgen, während spezifische Kristalle je nach Bedarf als Schmuck und Heilinstrumente benutzt werden können. Am besten wählen Sie die Steine entsprechend Ihrer geplanten Aktivitäten und Gefühle am jeweiligen Tag aus (emotionale Assoziationen können Sie in Kapitel 7 nachlesen).

Lebensaufgabe: Das Identifizieren und Klären der mit Ihrer Lebensaufgabe zusammenhängenden Schwierigkeiten ist auch unter unseren Klienten ein weit verbreitetes Thema. Am wirkungsvollsten in diesem Zusammenhang ist die Arbeit mit klarem Quarzkristall in Verbindung mit schwarzem Turmalin. Diese Kombination hilft, Intention und Richtung zu verstärken und Ziele zu definieren. Meditieren Sie, während Sie diese Steine in der Hand halten oder sich in ihre Nähe setzen. Halten Sie die Intention aufrecht, klare Richtungsanweisungen bezüglich Ihrer Lebensaufgabe zu erhalten, und bitten Sie die Steine, Ihre Empfänglichkeit für diese Führung zu verstärken.

Auflegen von Steinen: Kristallheilung schließt häufig das Auflegen spezifischer Kristalle auf den Körper ein, um den Heilprozess zu fördern. Es gibt mehrere Techniken zur Verhinderung von Ungleichgewicht im Körper und zur regenerativen Klärung. Sie werden normalerweise in Zusammenarbeit mit einem erfahrenen Therapeuten angewandt, der sowohl das intuitive Platzieren der Steine als auch Standardplatzierungen vornehmen wird. Judith sagt dazu: »Viele meiner Klienten brauchen Beistand, um ihren emotionalen Schmerz zu heilen. Eine der besten Methoden besteht darin, einen Kreis von Rosenquarzkristallen auf die Brust zu legen. Dies hilft ihnen, sich daran zu erinnern, göttliche Liebe durch Kanäle von Kristallenergie in ihren Körper und ihre Seele zu integrieren.«

Meditation: Das Auswählen und die Benutzung von Kristallen als Meditationsgefährten kann ein ungeheurer Energiebeschleuniger sein. Die Anwendung eines doppelendigen klaren Quarzkristalls (mit Spitzen an beiden Enden) kann helfen, den Fluss göttlicher Energie in allen Bereichen Ihres Lebens zu verstärken.

Persönliche Entwicklung: Im Leben jedes Menschen gibt es Bereiche potenzieller Verbesserung oder Entwicklung. Die Arbeit mit einem entsprechenden Stein beschleunigt den Prozess und vertieft gleichzeitig die Heilerfahrung. Citrin beispielsweise baut Vertrauen auf, Fluorit vertieft die Verbindung mit der Spiritualität und Amethyst verbessert die Hellsichtigkeit. Sie können dieser Segnungen teilhaftig werden, indem Sie Kristalle in der Hand halten, sie als Schmuck tragen, über ihre Fähigkeiten meditieren oder durch eine Kombination all dieser Methoden.

Handsteine: Steine in der Hand zu halten ermöglicht der Kristallschwingung, gleichbleibend durch Ihr Energiefeld zu fließen, da sich durch die Berührung des Steins seine beruhigende Präsenz entfaltet. Handsteine können Ihnen helfen, auf den gegenwärtigen Moment ausgerichtet zu bleiben, während sie gleichzeitig Ängste eliminieren und das Positive betonen.

4

Auswahl und Pflege der Kristalle

Wir werden nicht »Besitzer« von Kristallen, sondern ihre »Beschützer«, in ähnlicher Weise, wie wir die Beschützer unserer Kinder und Haustiere sind. Wenn wir mit diesen Steinen leben, schlafen, heilen und arbeiten, werden wir uns ihrer lebendigen und kommunikativen Energie bewusst. Sie sind Gefährten, die auf den tiefsten und intuitivsten Ebenen zu uns sprechen, und empfindsame Menschen können sie hören und verstehen.

Unterschätzen Sie nie die Macht der Kristalle. Judith sagt dazu: »Hier ist eines meiner Lieblingsbeispiele: Eine Klientin kaufte sich einen Rauchquarz, wobei ich sie darauf hinwies, dass bei der Arbeit mit ihrem neuen ›Freund‹ Veränderungen sehr schnell eintreten würden. Zwei Wochen später kam sie völlig aufgelöst und erschüttert zurück, da es in jedem Bereich ihres Lebens überstürzte Veränderungen gegeben hatte, angefangen bei ihrem Beruf bis hin zu ihren Beziehungen. Nach einem stillen Gespräch zwischen ihr und dem Stein wurde beschlossen, dass der Stein ruhen würde; also hüllte sie ihn in ein Stück Seide, legte ihn in einen Schrank und arbeitete zwei Wochen lang nicht mehr mit dem Kristall. Als sie dann erneut mit der Zusammenarbeit begann, lernte sie, ihre Fähigkeit bezüglich der Akzeptanz und Integration von Veränderungen zu überwachen und erzielte phantastische Resultate – die Manifestation ihrer Träume durch geschäftlichen Erfolg und eine neue Beziehung.«

Auswahl der Kristalle

Eine Verbindung mit den Kristallen beginnt mit dem Wunsch, mit den Gefährten aus dem Reich der Mineralien neue Freunde zu gewinnen und im Folgenden diesen Beziehungen gegenüber offen zu sein und auf sie zu reagieren. Mit dieser Intention werden Kristalle auf die überraschendste Weise als Ihre Lebensgefährten auftauchen – vielleicht erhalten Sie einen Kristall als Geschenk; oder Sie finden einen Kristall; oder die Kristalle finden *Sie* mittels genialer Methoden.

Abgesehen davon, Steine durch synchronistische Begebenheiten zu erhalten, können Sie sie auch kaufen: Kristalle werden sowohl in den meisten metaphysischen und New-Age-Läden verkauft als auch in Naturkostläden, in Spezialgeschäften für Kristalle und in einigen Geschenkboutiquen, die auf Inneneinrichtung spezialisiert sind. Achten Sie darauf, dass jeder Stein natürlich geformt wurde (im Gegensatz zu künstlichen Steinen, von Menschenhand hergestellt), und benutzen Sie dabei die auf Seite 27 beschriebenen Methoden. Kristalle, die als »österreichisch«, »Bleikristall« oder »Swarovski-Kristall« bezeichnet werden, sind zwar hübsch anzuschauende Dekorationen oder Schmuckstücke, jedoch mangelt es ihnen an den natürlichen Channel-Fähigkeiten, die für die Kristall-Therapie erforderlich sind.

Benutzen Sie bei der Wahl des richtigen Kristalls Ihren sechsten Sinn, damit es Ihnen leichter fällt, sich auf den Stein einzustimmen, und um ihm zu erlauben, dass er Sie wählt. Vielleicht fühlen Sie so etwas wie ein »Wiedererkennen« bei einem Stein, der Sie ruft, so als würden Sie sich mit einem Mitglied Ihrer Seelenfamilie wiedervereinen. Oder vielleicht müssen Sie viele verschiedene Kristalle berühren, in der Hand halten, sie sehen oder hören, bevor Sie Ihre Wahl treffen. Lassen Sie sich genügend Zeit, so, wie Sie es tun würden, wenn Sie ein Haustier aussuchen.

Hier ist eine andere Möglichkeit, beim Kauf eines Kristalls Ihre Intuition einzusetzen: Beginnen Sie, indem Sie den Stein in Ihrer passiven Hand halten (die Hand, mit der Sie normalerweise nicht schreiben), da diese die stärksten Energiesignale empfängt. Dann schließen Sie Ihre Augen und spüren die Kraft des Steins. Als Nächstes halten Sie ihn gegen Ihr drittes Auge (die sehr empfindsame Stelle zwischen Ihren physischen Augen) und gleiten Sie mit der Spitze des Kristalls hinunter zu Ihrem Herzen. Falls der Kristall energetisch geladen und mit heilender Kraft und Seele erfüllt ist, werden Sie einen magnetischen Schauer fühlen, der durch Ihr drittes Auge und Ihr Herz fährt. Wenn Sie nichts fühlen, könnte dies bedeuten, dass Ihre

Empfindsamkeit vorübergehend reduziert oder die Energie des Steins gering bzw. blockiert ist. Sie könnten ihn natürlich jederzeit reaktivieren, doch warum nicht nach einem Stein suchen, der bereits energetisch aufgeladen ist?

Seien Sie nicht überrascht, wenn der Kristall, für den Sie sich entscheiden, nicht der reinste, größte oder farbenfrohste ist - seine Schönheit mag dem physischen Auge nicht sofort offensichtlich sein. Vertrauen Sie einfach Ihrer Intuition, Sie zu dem für Sie perfekten Kristall zu führen, denn in seinem Innern wartet ein liebender, machtvoller Verbündeter und weiser Freund; und wie in jeder Beziehung werden Sie auch hier wissen, wann Sie den gefunden haben, der für Sie richtig ist.

Reinigung des Kristalls

Nachdem Sie Ihren neuen Gefährten nach Hause gebracht haben, ist es eine gute Idee, ihn zu reinigen, um alle alten, toxischen Energien zu beseitigen, die er vielleicht absorbiert hat. Darüber hinaus wird dieser Vorgang Ihnen beiden helfen, Ihre Verbindung zu vertiefen, und den Stein mit Ihrer persönlichen Energie aufladen. Die Entscheidung, wie und wann ein Kristall gereinigt werden muss, liegt ganz bei Ihnen, doch Sie werden wissen, dass es soweit ist, wenn die Wirksamkeit des Steins nachzulassen scheint oder wenn seine Energie sich »müde« anfühlt. Vergessen Sie nicht, dass Kristalle, die in der therapeutischen Praxis zur Anwendung kommen, nach jeder Benutzung gereinigt werden sollten, um eventuelle Restenergien des Klienten zu entfernen.

Es gibt mehrere Möglichkeiten, Kristalle zu reinigen; dazu gehört, sie in Meersalz oder in eine natürliche Wasserquelle zu legen (wie zum Beispiel ins Meer, in einen Teich oder einen Fluss); sie in der Erde zu vergraben; sie dem Licht der Sonne oder des Mondes auszusetzen; oder Prana zu benutzen: Sie konzentrieren sich auf Ihre Intention, den Stein zu reinigen, und hauchen ihn dreimal mit heilendem Atem an.

(*Achtung:* Manche Kristalle, wie zum Beispiel Selenit und Sandrose, lösen sich auf, wenn man sie ins Wasser legt. Andere, wie Amethyst oder Fluorit, verlieren an Farbe, wenn sie direktem Sonnenlicht ausgesetzt werden. Informieren Sie sich über die besonderen Eigenschaften des jeweiligen Steins, bevor Sie sich für eine Reinigungsmethode entscheiden.)

Programmierung und Aufladen des Kristalls

Wie bereits im vorigen Kapitel erwähnt, erfordert die Arbeit mit Kristallen eine »kristallklare« Intention. Also fragen Sie sich selbst, ob Sie Botschaften erhalten, heilende Schwingungen empfangen oder aussenden oder den Kontakt mit aufgestiegenen Meistern aufnehmen wollen. Oder schwebt Ihnen vielleicht etwas ganz anderes vor?

Kristalle lenken, verstärken und beschleunigen Energiemuster, und sie verbinden Ihre Wünsche mit ihren individuellen Möglichkeiten, um Ihnen bei der Verwirklichung zu helfen. Sobald Sie Ihre Intentionen geklärt haben, sollten Sie mit den Steinen mittels Meditation kommunizieren und sich die heilenden Eigenschaften und die Art der Anwendung vorstellen, die Sie wünschen. Wenn Sie Ihre Absicht klar zum Ausdruck bringen, werden Mineral-Wunder folgen, da die Kristalle Ihre Intention in ihre Essenz und ihr Wesen absorbieren... doch sollten Sie wissen, dass Sie diese Programmierung jederzeit ändern oder auf den letzten Stand Ihrer Wünsche bringen können, je nachdem, was die Situation erfordert.

Vergessen Sie nicht, dass Sie Ihre Gefährten neu energetisieren und aufladen können, indem Sie sie dem Sonnen- oder Mondlicht aussetzen (mit einigen Ausnahmen). Doreen erklärt dazu: »Meine Forschungen bezüglich Atlantis und Babylon haben mir gezeigt, dass der Abend vor dem Vollmond ein idealer Zeitpunkt ist, um die Kristalle mit heilender und magischer Energie aufzuladen.«

Aufbewahrung, Reisen und Weitergabe

Ihre Kristalle werden Sie mittels eines ziehenden Gefühls oder sogar durch eine vernehmbare Stimme bei der Wahl eines geeigneten Aufbewahrungsortes in Ihrer Wohnung oder Ihrem Büro anleiten und Sie zu einem bestimmten Ort in einem speziellen Raum führen. Vertrauen Sie Ihrer Intuition – sie ist Teil Ihrer energetischen Verbindung mit den Steinen – und sie wissen, wo Ihre Kristalle Ihnen am besten dienen können und wo sie optimal aufgehoben sind. Besuchen Sie Ihre Kristalle oft und lassen Sie ihnen zärtliche, liebevolle Fürsorge angedeihen, indem Sie sie zum Beispiel abstauben, reinigen und regelmäßig energetisch aufladen.

Wenn Sie den geeigneten Aufbewahrungsort für Ihre Kristalle gefunden haben, wollen Sie sie vielleicht auf kleine Samtkissen betten, in durchsichtige Glasbehälter oder in irgendeine andere Umgebung legen, die Ihrem Respekt und Ihrer Wertschätzung für die Steine und ihre Schönheit entspricht. Ihre neuen Freunde werden in jedem Fall schön aussehen, egal, wo sie sich befinden, daher sollten Sie sich nicht sorgen, falls Sie keinen speziellen Aufbewahrungsort für sie finden können.

Obwohl die Steine einen Platz in Ihrem Heim haben, dürfen Sie nicht überrascht sein, wenn Sie den Drang verspüren, Ihre Gefährten aus dem Reich der Mineralien mitzunehmen, wenn Sie auf Reisen gehen. Die Steine unterwegs bei sich zu haben ist ein Segen, und Sie werden feststellen, dass die Kristalle die Energie in Hotelzimmern erstklassig und sauber halten. Bevor Sie losfahren, wickeln Sie die Steine in eine schützende Hülle: Am besten eignen sich dafür Seide, Samt oder andere natürliche Stoffe; in der Tradition der nordamerikanischen Indianer wird auch Leder gern für diesen Zweck benutzt. Sie können Ihre Steine fragen, welche Art der Verpackung sie bevorzugen.

Doreen reist sehr häufig und nimmt ihre Kristalle im Bordgepäck mit (nicht im Koffer), da die delikaten Strukturen der Steine aufgrund der robusten Behandlung durch das Gepäckpersonal beschädigt werden könnten; und da sie Kristalle als etwas Lebendiges betrachtet, möchte sie ihnen die entsprechende Wertschätzung zukommen lassen. Sie sagt: »Ich bin jedoch schon mehr als einmal von Sicherheitsbeamten auf Flughäfen gestoppt worden, wenn sie beim Scannen den Kristallstab in meinem Bordgepäck entdeckten. In der Regel habe ich festgestellt, dass sie wirklich neugierig waren bezüglich der Kristalle, und einige dieser Beamten haben mich sogar gefragt, ob ich nicht gleich hier auf dem Flughafen Heilungen und Manifestationen für sie vornehmen könnte! Diese Bitte habe ich ihnen natürlich gerne erfüllt.«

Doch selbst wenn Sie Ihre Kristalle vorsichtig behandeln und einpacken, können sie auseinanderbrechen oder ihre Spitzen abbrechen, sowohl zu Hause als auch auf Reisen - dies ist einfach der Lauf der Natur. Wenn der Moment kommt und Sie einen »zerbrochenen« Stein vor sich haben, bitten Sie um Führung: Ist es an der Zeit, den Stein wieder in der Gartenerde oder in einem Blumentopf zu vergraben; oder sollten Sie ihn vielleicht dem Meer, einem See oder einem Fluss übergeben? Hat Ihnen jemand einen neuen Stein geschenkt oder haben Sie auf andere Weise einen bekommen? Je vertrauter Ihnen die Sprache der Kristallenergie wird, desto mehr wird Ihnen die neue Richtung klar werden - doch das Wichtigste ist, dass Sie Ihrer Intuition und persönlichen Führung vertrauen.

Vielleicht erhalten Sie auch die intuitive Anleitung, einen bestimmten Stein einer bestimmten Person zum Geschenk zu machen. In diesem Fall sollten Sie wissen, dass die Zusammenarbeit des Kristalls mit Ihnen ihren Abschluss gefunden hat - ihm ist eine neue Aufgabe »zugewiesen« worden; er wird von jetzt an einem anderen Menschen helfen, daher sollten Sie ihn entsprechend Ihrer inneren Führung weitergeben, voller Vertrauen und in dem Wissen, dass Sie dem Kristall und seinem neuen menschlichen Beschützer großen Segen bringen.

Da Sie mittlerweile ein starkes Gespür für die emotionalen Komponenten bei der Arbeit mit Kristallen entwickelt haben, wollen wir uns einige Techniken der Kristall-Therapie anschauen.

5

Über Phantome und andere Quarzfachbegriffe

Der Bergkristall ist ein kraftvoller, faszinierender Stein sowohl für den persönlichen Gebrauch als auch für die Heilarbeit. Dieser natürliche Energieleiter ist einer der wichtigsten Bestandteile vieler elektronischer Geräte und Uhren und dient darüber hinaus als prismenförmige Spitze bei den Zeptern der Magier und bei Zauberstäben (vielleicht der Grund, warum er häufig mit Mystik in Verbindung gebracht wird). Erfahrene Kristallverwender benutzen darüber hinaus eine eigene Sprache, um die verschiedenen Charaktereigenschaften dieses Steins zu beschreiben - unter anderen Begriffe wie Fenster, Buchhalter und gerillt. Wir möchten gerne einige dieser Fachbegriffe erklären, um Ihr Wissen und Ihre Achtung vor den Gaben des Bergkristalls zu vertiefen, die Ihre Heilarbeit auf eine höhere Stufe heben können. Die folgende Aufstellung wird Sie beim besseren Verständnis dieser Begriffe unterstützen und Ihnen außerdem helfen, die Eigenschaften Ihres eigenen Steins kennenzulernen.

Formbezeichnung: BRÜCKE

Charakteristik: Ein kleiner Kristall, der mit einem größeren verbunden ist, ähnlich einem unvollendeten Kreuz.

Eigenschaft: Der kleine Kristall verbindet wie eine Brücke die inneren und äußeren Welten, um auf diese Weise einen Kanal für Weisheit zu schaffen.

Formbezeichnung: BUCHHALTER

Charakteristik: Natürlich geformtes Dreieck bzw. Dreiecke, in der Regel auf einer oder mehreren der Oberflächen des Kristalls zu finden.

Eigenschaften: Als Instrument zum Anzapfen alter Weisheit agierend, hilft der Buchhalter Ihnen, persönliche Lektionen in den Lebensmustern zu verstehen und zu erhalten (sowie alte Gewohnheiten abzulegen).

Formbezeichnung: CHANNELING-KRISTALL

Charakteristik: Siebenseitige Spitzenfläche auf der Vorderseite des Steins, mit einem perfekten Dreieck auf der Rückseite.

Eigenschaften: Der Channeling-Kristall stellt die Verbindung mit der Quelle der Weisheit aufgestiegener Meister oder persönlicher Geistführer her; diese Form erleichtert außerdem die Kommunikation und verbessert jegliche Art des Lernens.

Formbezeichnung: DOPPELENDER

Charakteristik: Spitzen an beiden Enden des Steins.

Eigenschaft: Die doppelendige Struktur vervollkommnet das Ein- und Austreten des Energieflusses in einen Menschen.

Formbezeichnung: FENSTER

Charakteristik: Eine diamantförmige Oberfläche in der Mitte der Vorderseite der Facetten oder Spitzen.

Eigenschaften: Dieser Stein stellt ein Fenster zu inneren Wahrheiten dar und ist ein Symbol der Begegnung zwischen Himmel und Erde.

Formbezeichnung: GENERATOR

Charakteristik: Sechs Spitzenflächen, die alle in einem einzigen Punkt zusammenlaufen.

Eigenschaft: Dieses kraftvolle Energieinstrument ist ein wunderbarer Meditationspartner, der ein Gefühl der Stärke verleiht.

Formbezeichnung: GERILLT (ENGELSHAAR) UND GESTREIFT

Charakteristiken: Lineare Einschlüsse im Quarz; in der Regel schwarze, rotbraune oder gelbe (metallische) Mineralablagerungen.

Eigenschaften: Der Zusatz eines fremden Elements in dem Hauptstein sorgt dafür, dass zwei Energieebenen den Fokus Ihrer Intention unterstützen - zum Beispiel verbinden sich die natürlichen Eigenschaften des Quarzes mit der erdenden Kraft eines turmalinen Einschlusses und intensivieren auf diese Weise die Kraft beider Mineralien.

Formbezeichnung: HINEIN UND HERAUS

Charakteristik: Kleine Kristalle stehen von der Grundform ab oder wachsen in sie hinein.

Eigenschaft: Benutzen Sie diesen Stein, wenn Sie Hilfe bei der Überbrückung des Abstandes zwischen unterschiedlichen spirituellen Dimensionen oder bei der Suche nach Ihrem inneren Selbst benötigen.

Formbezeichnung: KRISTALLGRUPPE

Charakteristik: Multiple Enden oder Spitzen auf einer gemeinsamen Grundfläche.

Eigenschaften: Eine derartige Form eignet sich besonders gut für Gruppenenergie - er ist ein hervorragender Team-Stein.

Formbezeichnung: KRISTALLKUGEL

Charakteristik: Von Menschenhand hergestellte Form; entweder aus natürlichem oder verschmolzenem Quarz (Kristalle, deren Form durch Hitze verändert und zu einer Kugel geformt wurde).

Eigenschaft: Diese ansprechende Form eignet sich besonders gut für Gruppenkommunikation und ist zudem bei einer Rückschau in die Vergangenheit und dem Blick in die Zukunft hilfreich.

Formbezeichnung: LASERSTAB

Charakteristik: Schmaler, spitz zulaufender Kristall.

Eigenschaften: Ein Kristallstab beschleunigt die Kommunikation mit Ihrem inneren Selbst und beseitigt unerwünschte energetische Hinterlassenschaften - er ist ein erstklassiges Heilinstrument.

Formbezeichnung: LINKSHÄNDER

Charakteristik: Zusätzliche Oberfläche auf der linken Seite des Steins (von vorne betrachtet).

Eigenschaften: Diese Form zieht negative Energie aus dem Körper und verbessert die Tätigkeit der rechten Gehirnhälfte wie z. B. Kreativität und Visualisierung.

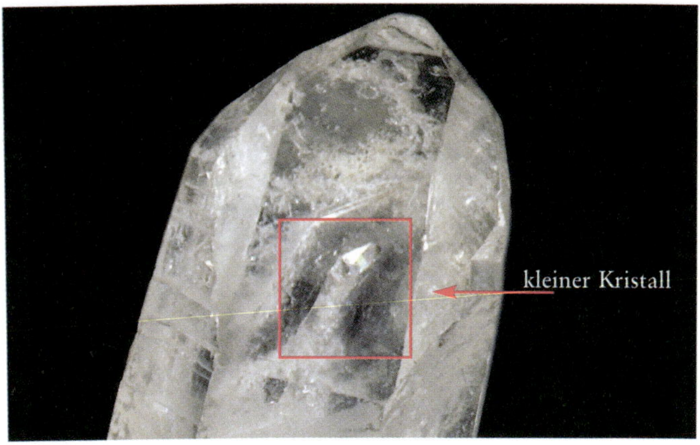

Formbezeichnung: MANIFESTATION

Charakteristik: Kleiner Kristall, vollständig in einem größeren eingeschlossen.

Eigenschaften: Wie sein Name schon sagt, hilft dieses Manifestationswerkzeug, Ziele zu verwirklichen.

Formbezeichnung: PHANTOM

Charakteristik: Pyramidenförmige Reflektion im Innern eines Steins, die oft als »Geistkristall« bezeichnet wird.

Eigenschaften: Sie können mit dem Phantom Ihr universelles Bewusstsein erhöhen und Zugang zu vergangenen Inkarnationen erhalten, da dieser Stein eine Verbindung zur Weisheit des höheren Selbst herstellt.

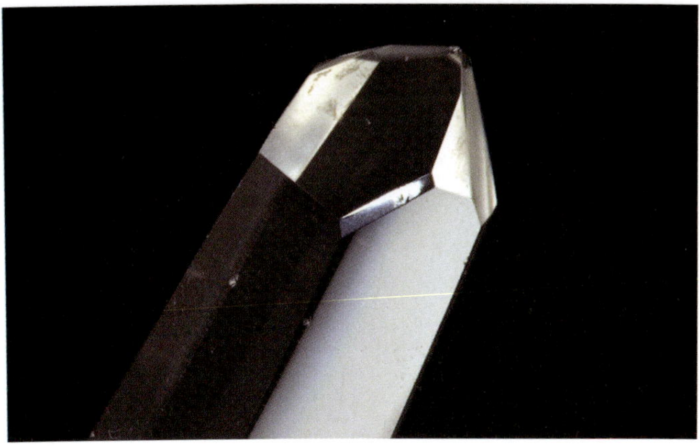

Formbezeichnung: RECHTSHÄNDER

Charakteristik: Zusätzliche Facette auf der rechten Seite eines Kristalls (von vorne betrachtet).

Eigenschaften: Diese Form verstärkt die Tätigkeit der linken Gehirnhälfte, wie z. B. analytische Denkfähigkeit und übliche Problemlösung.

Formbezeichnung: SEELENGEFÄHRTE

Charakteristik: Zwillingskristalle ähnlicher Größe auf einer gemeinsamen Grundfläche.

Eigenschaften: Dieses Steinpaar hilft Ihnen, Ihren Seelengefährten oder Ihre »Seelenfamilie« zu erkennen.

Formbezeichnung: ZEITENVERBINDER

Charakteristik: Wie ein Parallelogramm geformtes Fenster nahe der Spitze (eine vierseitige Figur mit einander gegenüberliegenden Seiten, die von gleicher Länge sind und parallel verlaufen).

Eigenschaften: Ein Zeitenverbinder verbessert die Kommunikation zwischen allen Ebenen des Selbst.

6

Kristallgitter

Wenn Sie schon einmal beim Bau eines großen Gebäudes zugesehen haben, ist Ihnen sicher das Eisengerüst aufgefallen, mit dem das Gebäude gestützt wird und das sich später durch den Bau zieht. In ähnlicher Weise können Sie ein energetisches Gitter konstruieren, um die von Ihnen gewünschte Intention oder Heilabsicht zu (unter-)stützen. Wie beim Eisengerüst platzieren Sie Kristalle an bestimmten Stellen, damit die Energien der einzelnen Steine eine Art Hilfssystem schaffen, das für sensible Menschen und alle, die auf diese feinen Energien eingestimmt sind, spürbar ist und hellsichtig wahrgenommen werden kann. Auch wenn Sie die daraus entstehende Kraft nicht sehen oder fühlen können, ist dies eine dynamische Methode der Kristall-Therapie mit bemerkenswerten Resultaten.

Gitter werden aus vielen persönlichen und globalen Gründen kreiert, und spitze Bergkristalle sind die am meisten benutzten Steine in diesen wunderschönen Gebetsmandalas. In diesem Kapitel beschreiben wir einige Vorschläge für bestimmte Situationen, doch haben Sie keine Angst, auf eigene Faust mit verschiedenen Kristallen und

Ihrer eigenen Vision zu experimentieren. Das Formen dieser Muster ähnelt anderen kreativen Unternehmungen (wie zum Beispiel dem Kochen). Während Sie vielleicht zunächst einem Rezept folgen, werden Sie irgendwann die Ingredienzien so mischen, wie es Ihrem persönlichen Geschmack entspricht. Wenn die Figur komplett ist, können Sie mit der Intention meditieren, ihre Energie zu aktivieren und zu beschleunigen, genau wie es Ihre Vorfahren im Laufe der Jahrtausende getan haben.

Herstellung eines Kristallgitters

Gitter sind eine von alters her bewährte Möglichkeit, die Kraft von Gebet und Heilenergie festzuhalten und zu verstärken. Seit Jahrhunderten haben sich die Menschen mit der Natur verbunden, um Zugang zu der ewigen Weisheit des Himmels zu erlangen, und uns in diesem Zusammenhang vertraute Zeugnisse hinterlassen, wie beispielsweise Stonehenge in England; die Carnac-Steine in Frank- reich; sowie alte Tempel und Pyramiden in Griechenland, Ägypten, Mexiko, Hawaii und Südamerika.

Diese machtvollen Netzwerke beherbergen die Erinnerungen und Energiemuster vieler intentionaler Zeremonien in ihrem Innern. Selbst heute spürt man sich auf machtvolle Weise von diesen Strömungen umgeben, wenn man durch die uralten Steinkreise und Tempel wandert. Diese Kraft ist das Resultat des intensivierten elektromagnetischen Feldes der Steinformationen, zum Teil aufgrund der nachklingenden Schwingungen längst vergangener Gebete für individuelle und globale Harmonie.

Wie Judith weiter ausführt: »Viele meiner Privatklienten suchen nach einem schwer zu fassenden Gefühl des Friedens in bestimmten Bereichen ihres Lebens, und häufig bitten sie mich, Kristallenergie zu benutzen, um ihnen beim Erreichen eines ersehnten Zustands zu helfen, wie beispielsweise einen Seelengefährten zu finden, ihre Lebensaufgabe zu identifizieren oder Fülle zu erlangen. Die Zusammenarbeit mit dem Reich der Mineralien unter Zuhilfenahme des Gittersystems stellt für mich einfach eine andere Möglichkeit dar, meinen Klienten zu helfen, den universellen Fluss allen Seins zu erkennen und zu aktivieren.«

Da es sich bei Kristallgittern um geometrische Formen handelt, die mit Hilfe von Steinen und Mustern einen Energiefluss ermöglichen, ähneln sie dem Vorgang des Fokussierens Ihrer Meditation durch ein Mandala, ein Labyrinth oder eine Pyramide. Die für die Struktur des Gitters erforderlichen Steine können in einem natürlichen Zustand belassen sein; gewaschen oder poliert (maschinell); oder facettiert (maschinell geschnitten); das Muster kann so einfach sein wie vier Stücke Rosenquarz, die sie in den Ecken Ihres Schlafzimmers platzieren, um der Liebe verstärkt die Tore zu öffnen; oder Sie können eine komplexere heilige Geometrie wählen, um eine spirituelle Entwicklung zu beschleunigen. Ob Sie Ihr Gitter nun für ein einfaches Bedürfnis anwenden (wie zum Beispiel den Wunsch, nachts besser zu schlafen) oder etwas Komplizierteres – das Einzige, was Sie brauchen, ist Ihre klare Intention, Vertrauen und die Bereitschaft, den vollen Segen des Himmels zu empfangen.

Wenn Sie sich mit Hilfe Ihres Gitters mit dem Reich der Mineralien verbinden, äußern Sie dadurch den Wunsch, ein einheitliches Feld der Kraft zu schaffen, in dem Gedanken und Wünsche manifestiert werden; denn Steine, die in einer bestimmten Anordnung platziert werden – vor allem spitze Quarzkristalle –, erhöhen die energetische Schwingung und Bewegung. Darüber hinaus können Sie die Engel bitten, an diesem Prozess teilzuhaben, da sie Ihre Intentionen klären und sie auf eine höhere Ebene bringen können, was zu harmonischen Veränderungen und Heilungen führt.

Neun Schritte zur Herstellung des Gitters

1. Bestimmen Sie Ihre Intention. Sie können ein Gitter bilden mit dem Ziel, eine bestimmte Intention oder einen Wunsch zu manifestieren, daher ist Ihr erster Schritt die Entscheidung: »Worin besteht die Aufgabe des Gitters?« Da das Gitter Ihre Gefühle, Gedanken und Intentionen verstärkt, ist es von entscheidender Bedeutung, dass Sie einen klaren Fokus haben. Falls Sie irgendwelche Ängste, Zweifel, Schuldgefühle oder andere Emotionen spüren, die unter Umständen das von Ihnen gewünschte Resultat verhindern können, rufen Sie Erzengel Jophiel herbei, damit er Ihnen hilft, eine positive Sichtweise zu erlangen.

2. Bestimmen Sie seine Größe. Welche Größe Sie als passend für Ihre Absichten betrachten, liegt ganz bei Ihnen. Ein Gitter, das klein genug ist, um auf einem Tablett Platz zu finden, kann genauso machtvoll sein wie eines, das groß genug ist, einen Körper in seiner Mitte aufzunehmen, da sich durch die Benutzung der Steine als Fokuspunkt bei der Meditation ihre Energie genügend ausdehnt. Es gibt jedoch Zeiten, wo es am besten ist, sich in eine größere Formation zu setzen, um die Schwingung des Kristallgitters fühlen zu können.

3. Finden Sie den richtigen Ort. Manchmal ist der beste Ort für Ihr Gitter offensichtlich (wie zum Beispiel das Schlafzimmer, wenn Sie besser schlafen wollen), doch zu anderen Zeiten ist Bequemlichkeit der entscheidende Faktor. Wenn Sie beispielsweise das Muster in Ihrem persönlichen Meditationsraum platzieren, so hilft dies, dafür zu sorgen, dass andere Menschen Ihre Kristalle nicht bewegen oder Sie stören, während Sie sich auf die Steine konzentrieren. Hinsichtlich weiterer Optionen vergessen Sie nicht, dass Sie auch in der freien Natur Gitter kreieren können, genauso wie es unsere Vorfahren getan haben.

4. Benutzen Sie Feng Shui. Eine Möglichkeit, die Intentionen Ihres Gittermusters noch weiter zu klären, besteht in der Benutzung des »magischen Feng Shui-Vierecks« (neun klar umrissene Felder), genannt die Bagua-Karte. Dieses kann Ihnen bei der Wahl des richtigen Ortes helfen. Wenn Sie zum Beispiel Ihr Liebesleben verbessern wollen, kreieren Sie ein Gitter in dem Bereich Ihres Schlafzimmers, wo Sie mit Ihrem Geliebten zusammenkommen, und meditieren Sie dort regelmäßig - die Resultate können außerordentlich positiv sein! Weitere Informationen über die Bagua-Karte finden Sie auf Seite 191.

5. Bereiten Sie den Raum vor. Sobald Sie sich für die Intention des Gitters, seine Größe und Örtlichkeit entschieden haben, sollten Sie die Energie an dieser Stelle reinigen und verfeinern. Jede Methode zur Klärung eines Raumes wird funktionieren - sei es das Verbrennen von Salbei, die Platzierung von Schüsseln mit Meersalz im Raum, das Anrufen von Erzengel Michael, das Klingeln mit einer Glocke oder Ähnliches.

6. Schaffen Sie ein friedliches Ambiente. Musik, Kerzen und Räucherwerk tragen zu einem Gefühl der Ruhe und des Friedens in dem geweihten Raum bei, den Sie benutzen möchten.

7. Platzieren Sie die Kristalle. Entweder mit Hilfe der Empfehlungen in diesem Kapitel oder indem Sie Ihrer eigenen Führung folgen, platzieren Sie die Kristalle an der von Ihnen gewählten Stelle. Wenn Sie Quarz benutzen, achten Sie darauf, dass alle Steine in dieselbe Richtung deuten, um auf diese Weise ihren Energiefluss zu verstärken: Die Spitzen deuten nach rechts, um Energie nach außen zu senden, und nach links, um Energie zu empfangen. Machen Sie sich keine Sorgen – solange Sie Ihrer inneren Führung folgen, können Sie bei der Anordnung Ihrer Steine keinen Fehler machen.

8. Verleihen Sie dem Gitter Kraft durch Meditation. Sitzen Sie ruhig da, entweder neben den Kristallen oder im Zentrum des Musters, und visualisieren Sie Bahnen von Energie, die die einzelnen Steine über und unter Ihnen miteinander verbinden. Vielleicht werden Sie diverse Bahnen sehen, Formen und Farben; es kann auch sein, dass Sie himmlische Musik hören oder surrende Geräusche, die alle Zeichen der konvergierenden Kraft sind.

9. Hören Sie hin. Konzentrieren Sie sich auf Ihren Atem, um Ihren Verstand zur Ruhe zu bringen, und dann achten Sie auf jegliche Ideen, Visionen, Worte oder Gefühle, die zu Ihnen kommen. Überlassen Sie alle ablenkenden Gedanken oder Ängste den Engeln, damit Sie Ihren Wunsch als bereits erfüllt visualisieren und Dankbarkeit darüber empfinden können. Danken Sie dem Universum für seinen nie versiegenden Fluss der Fülle und bitten Sie die Engel, Ihnen zu helfen, offen zu sein und akzeptieren zu können. Schließen Sie Ihre Meditation ab, indem Sie positive Affirmationen sagen, wie zum Beispiel jene, die auf den folgenden Seiten beschrieben sind.

Jedes Mal, wenn Sie ein Kristallgitter erzeugen und es benutzen, werden Sie ein umfassenderes Bewusstsein über seine Energie und Kraft entwickeln - also entspannen Sie sich in diesen Vorgang hinein und haben Sie Spaß dabei! Um Ihnen den Anfang zu erleichtern, haben wir einige weit verbreitete Kristallkombinationen für oft gewünschte Fokusbereiche umrissen und einige Affirmationen entwickelt, die Ihnen helfen können, Ihre Träume zu manifestieren.

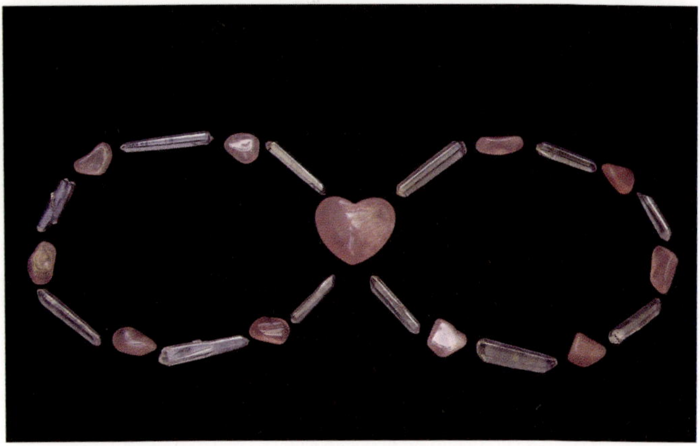

Liebesgitter

Fülle

Kristalle: 8 klare Bergkristallspitzen und 3 Stücke Jade oder Citrin

Form: Legen Sie die Bergkristalle in einem Kreis aus und die Jade oder das Citrin in Form eines Dreiecks in die Mitte. Dieses Muster funktioniert am besten, wenn es im Feng-Shui-Reichtumsbereich eines Zuhauses oder Gschäftes angebracht wird.

Affirmation: Fülle in jedweder Form fließt mir jetzt mit göttlicher Gnade zu.

Gesundheit/Heilung

Kristalle: 11 Stücke Rosenquarz oder Mondstein, 11 Stücke Malachit und 11 Türkise

Form: Ordnen Sie die Steine in drei miteinander verbundenen Kreisen an, die Körper, Geist und Seele repräsentieren. Dieses Muster ist bestens für den Gesundheitsbereich Ihres Zuhauses geeignet, da es den positiven Energiefluss in den einzelnen Körpersystemen aktiviert.

Affirmation: Ich erfreue mich jetzt vollkommener, unerschütterlicher, robuster und glücklicher Gesundheit.

Guter Schlaf

Kristalle: 4 Stücke Rosenquarz und 1 Regenbogen-Obsidian oder 1 Hämatit

Form: Legen Sie ein Stück Rosenquarz in jede Ecke Ihres Schlafzimmers und den Obsidian oder Hämatit unter Ihr Bett, um eine Atmosphäre der Liebe und der Geborgenheit zu schaffen, die Ihnen zu besserem Schlaf verhelfen wird.

Affirmation: Ich werde geliebt und beschützt. Ich kann mich jetzt gut entspannen und ruhig schlafen.

Harmonie

Kristalle: 6 Stücke Rosenquarz und 12 Amethystspitzen

Form: Legen Sie die Steine abwechselnd in Form eines Herzens aus, das sich für jeden Bereich der Bagua-Karte eignet, um das Gefühl von Frieden, Gelassenheit und bedingungsloser Liebe zu verstärken.

Affirmation: Mein Leben ist in göttlicher Ordnung, und ich bewege mich jetzt in Harmonie mit dem Universum.

Kommunikation mit Engeln

Kristalle: 9 klare Bergkristallspitzen und 2 Stück Angelit oder Celestit

Form: Bilden Sie mit den neun Bergkristallspitzen ein Dreieck (drei Spitzen auf jeder Seite des Dreiecks) und legen Sie die Angelite oder Celestite in die Mitte, und zwar so, dass die beiden Kristalle einander berühren. Dieses Muster entfaltet seine positive Wirkung besonders in Ihrem häuslichen Bereich der »Zusammenarbeit mit hilfreichen Personen«.

Affirmation: Ich nehme jetzt offen und dankbar die Weisheit, die Einsichten und den Schutz meiner Engel an.

Kreativität

Kristalle: 7 Bergkristallspitzen und 11 Karneolsteine

Form: Legen Sie die Steine abwechselnd in Form einer Spirale aus. Dieses Gitter ist eine ausgezeichnete Bereicherung des »Kreativbereiches« in Ihrem Zuhause, Studio oder Büro, da es hilft, Gedanken in die Tat umzusetzen.

Affirmation: Ich fühle jetzt den Geist der Kreativität in mir und bringe ihn zum Ausdruck.

Lebensaufgabe/Beruf/Karriere

Kristalle: 1 Kristallgruppe, 12 schwarze Turmaline und 12 Stücke Citrin

Form: Legen Sie die Turmaline und Citrine so aus, dass sie die Form eines doppelten Diamanten bilden, und legen Sie den spitzen Bergkristall in die Mitte. Machen Sie das Gitter zu einem ständigen Bestandteil Ihres Büros oder »Karrierebereiches« in Ihrem Zuhause, um Bewusstsein und Akzeptanz Ihrer Lebensaufgabe zu fördern, während Sie gleichzeitig die Gesellschaft um Unterstützung bei der Realisierung Ihrer Lebensaufgabe bitten.

Affirmation: Ich weiß jetzt, worin meine göttliche Lebensaufgabe besteht. Ich akzeptiere sie und handele danach.

Liebe/Sexualität

Kristalle: 12 spitze Bergkristalle, 10 Stücke Rosenquarz und 1 herzförmiger Rosenquarz

Form: Bilden Sie mit den Steinen eine Acht (ein Symbol der Unendlichkeit) und legen Sie abwechselnd die Steine und Kristallspitzen aus, um die Verbindung der männlichen und weiblichen Energie anzuzeigen (diese Energien sind ebenso Bestandteil von gleichgeschlechtlichen Beziehungen). Legen Sie den herzförmigen Rosenquarz genau in die Mitte der Acht, wo sich die beiden Linien kreuzen, um die Liebe zu symbolisieren, die die zwei Seelen miteinander verbindet. Dieses Muster eignet sich vorzüglich für den »Liebesbeziehungsbereich« in Ihrem Zuhause, ganz besonders in Ihrem Schlafzimmer.

Affirmation: Ich befinde mich jetzt in völliger Übereinstimmung mit der Liebe auf allen Ebenen meines Seins.

Schutz

Kristalle: 5 Bergkristallspitzen und 12 schwarze oder Regenbogen-Obsidiane

Form: Bilden Sie mit den Obsidianen ein Viereck und legen Sie die spitzen Bergkristallkristalle in Form eines Sterns in der Mitte des Vierecks zusammen. Dieses Gitter kann in jedem Bereich der Feng Shui-Karte gelegt werden, der sich auf den betreffenden Lebensbereich bezieht (zum Beispiel würde der Wunsch nach materieller Sicherheit bedeuten, dass Sie die Kristalle im »Reichtumbereich« Ihres Zuhauses auslegen.)

Affirmation: Ich lasse alle Ängste los in dem Wissen, dass ich von den himmlischen Mächten geliebt und beschützt werde, jetzt und immerdar.

Vergebung

Kristalle: 8 Stücke Rosenquarz, 4 Aventurine, 2 Mondsteine und 2 Hämatite

Form: Legen Sie einen Doppelkreis mit einem äußeren Ring aus Rosenquarz und einem inneren Ring aus einer Mischung von Aventurin und Mondstein und legen Sie dann den Hämatit in die Mitte. Es ist oft sehr hilfreich, dieses Kristallgitter im Bereich der »Selbsterkenntnis« zu anzubringen.

Affirmation: Die bedingungslose Liebe des Himmels erfüllt mich jetzt mit Liebe, Mitgefühl und Verständnis.

Weltfrieden

Kristalle: 24 spitze Bergkristalle und 1 Malachit- und Azuritkugel

Form: Legen Sie 12 Bergkristalle zu einem Kreis aus und geben Sie den Malachit und Azurit in die Mitte; dann fügen Sie vier Reihen mit jeweils vier spitzen Bergkristalle hinzu, die die vier Himmelsrichtungen symbolisieren: Norden, Süden, Osten und Westen. Bringen Sie das Gitter in dem Feng Shui-Bereich der »Selbsterkenntnis« in Ihrem Zuhause, um Glauben, Zuversicht und innerem Frieden neuen Auftrieb zu geben.

Affirmation: Die Welt befindet sich jetzt in vollkommener göttlicher Ordnung.

7

Verzeichnis der Kristalle, ihrer Heileigenschaften und Botschaften

Jede Kristallart hat eine bestimmte Heilwirkung und einen ihm zugeordneten Wirkungsbereich - von körperlicher Gesundheit bis zu seelischer Unterstützung; dabei entscheiden Farbe, Form und andere Merkmale, welche Lebensbereiche sie mit ihrer Kraft am besten positiv beeinflussen und heilen können. Auf den folgenden Seiten werden Sie eine Beschreibung der von uns ausgesuchten wichtigsten Kristallgruppen finden, die leicht zu finden und überall zu kaufen sind und die bei vielen Heilbemühungen als machtvolle Verbündete fungieren.

Sie werden eine **Abbildung des Minerals** und seiner **Varianten** finden; eine Zusammenfassung der **Heileigenschaften** eines jeden Minerals; die **Erzengel**, die Sie anrufen können, wenn Sie mit diesem bestimmten Stein arbeiten (in dem Wissen, dass Sie sich immer auch an andere Engel und aufgestiegene Meister wenden können, je nachdem, wie Sie sich angeleitet fühlen); und die **gechannelten Botschaften** jeder Kristallgruppe und Variation –

die alle mit Liebe, Respekt und Integrität gegeben und empfangen wurden. Auf dass die Kristalle und ihre Weisheiten Ihnen auf Ihrem Lebensweg beistehen!

* * *

ACHAT

Erzengel: Michael und Raziel

Farben: Kombination aus Braun, Blau, Grau, Grün, Orange, Rot und Weiß

Heileigenschaften: Achat stärkt Geist und Körper, hilft Ihnen, die Wahrheit zu erkennen. Außerdem ist er ein kraftvoller Heilstein, wenn er in Verbindung mit dem Chakrafarbensystem benutzt wird. In diesem Fall wählen Sie eine Achatfarbe, die mit dem jeweiligen Chakra bzw. Energiezentrum korrespondiert (Rot für das Wurzelchakra, Orange für das Sakralchakra, Gelb für den Solarplexus, Grün für das Herzchakra, Hellblau für das Kehlchakra, Dunkelblau bzw. Indigo für das dritte Auge, Violett für die Ohren und Purpur für das Kronenchakra).

Botschaft: »Die Ströme aus ewiger Vorzeit fließen durch die Muster meines Wesens; in meiner Form tanzen Schatten in wirbelnden Bewegungen, freudig Farben vermischend, so als würden sie eine Vision von bunten Bändern einfangen, die im Wind flattern und einen unendlichen Himmel einrahmen. Jene, die in das Innere meiner seit ewigen Zeiten bestehenden Form treten, werden Weisheit, Zuversicht und Klarheit finden. Bitte uns, dir beizustehen, und jedes Mal wird dir zuverlässig einer von uns zu Hilfe eilen. In meiner Familie gibt es unzählige Verwandte, jeder von ihnen einzigartig, doch alle eingestimmt auf die Kraft und Energie des Erdelements. Die Mitglieder meiner Gruppe haben eine gemeinsame Ausrichtung, die durch ihre jeweilige Erfahrung und ihr Wissen bereichert wird, genau wie es bei deiner eigenen Familie der Fall ist. Laß' dir Zeit, und betrachte deine Beziehungen mit liebevollen Augen des Mitgefühls an und bitte andere, dir ihre Geschichte zu erzählen. Lerne mit offenem Herzen.«

Achat-Varianten

Blauer Spitzen-Achat

Erzengel: Raguel

Farben: Himmelblaue und weiße Musterung, erinnert an feine Spitze

Heileigenschaften: Diese Achat-Variation fördert Gelassenheit, indem sie zu Selbstbewusstsein verhilft, das in Zeiten von Stress ermöglicht, das innere Gleichgewicht beizubehalten.

Botschaft: »Von Natur aus beruhigend, diene ich sensiblen Individuen als Puffer, um das Chaos täglicher Aktivitäten fernzuhalten und gleichzeitig eine friedliche Einstellung tief im Innern herzustellen.«

Botswana-Achat

Erzengel: Raguel und Chamuel

Farben: Hellblau mit grauen Wirbeln

Heileigenschaften: Sanfte Bewegungen von Blau und Grau helfen, Ihre Nerven zu beruhigen, Depression zu überwinden und Ihre Gedanken darauf zu richten, wie Sie der Welt dienen können.

Botschaft: »Die Welt wird größer und schöner, wenn du dich ihr bewusst öffnest. Ich werde dir helfen, die Last der Depression und Verzweiflung abzulegen, damit du in Augenblicken des Kummers dich von einer höheren Warte aus betrachten kannst. Glaube und vertraue – das Universum ist ein Ort der Freude, in Liebe erschaffen und gegründet auf Harmonie.«

Feuer-Achat

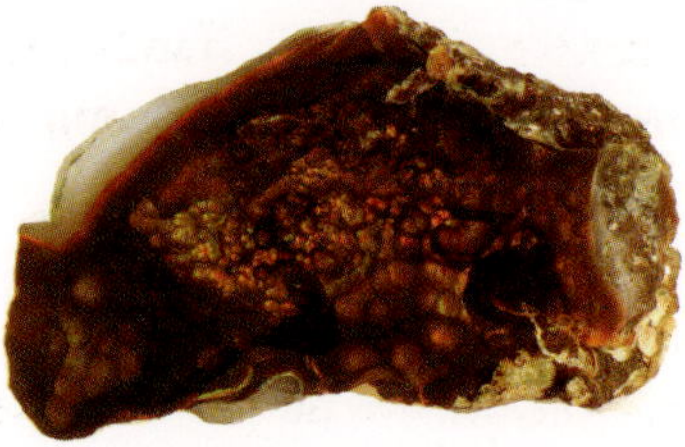

Erzengel: Michael und Raziel

Farben: Brillante schillernde Schattierungen mit leuchtenden Markierungen von Orange, Rot und Braun

Heileigenschaften: Dies ist der Stein der Astrologen, der darüber hinaus ein Gefühl von Sicherheit und des Geborgenheit vermittelt.

Botschaft: »Verwende mich, um deine Seele mit einem Gefühl von Vertrauen und Sicherheit zu erfüllen. Wisse, dass alles gut ist in der Welt, da Feuer, Wasser, Luft und Erde sich im Rad der Einsicht zusammenfinden, so, wie es in der Astrologie der Fall ist.«

Grüner Moos-Achat

Erzengel: Raphael, Ariel und Uriel

Farbe: Ein Hauch von Grün in einer moosähnlichen Struktur klaren, weißen Steins

Heileigenschaften: Ein Symbol der Natur schlechthin, ist dieser Stein ein ausgezeichneter Partner für Mitglieder der

Elementarebene. Als Handstein benutzt, trägt er dazu bei, eine sofortige Verbindung mit Mutter Erde herzustellen.

Botschaft: »Erneuere deine Verbindung mit der Natur, wenn du mein Inneres schaust, denn ich spiegle die Erholung wieder, die du bei einsamen Spaziergängen im Wald findest. Immer von Frieden erfüllt, berühre mich, um die Zentriertheit von Mutter Erde zu spüren und ein Gefühl ruhender Kraft in dein Leben zu bringen.«

Verrückter Spitzen-Achat (Lace-Achat, Crazy-Lace)

Erzengel: Ariel

Farbe: Ein feines »Spitzen«-Muster

Heileigenschaften: Dieser Kristall ist ein außergewöhnlich gutes Werkzeug, um sich wieder mit Mutter Erde zu vereinen, und er vermittelt ein Gefühl der Erdung, wenn mehrere Angelegenheiten Ihre Aufmerksamkeit erfordern.

Botschaft: »Durch das Mischen der Erdfarben vermittle ich ein harmonisches Verständnis für die physische Ebene, das sich im Körper derjenigen, denen es an Erdung mangelt, reflektiert. Setz dich mit mir in Meditation zusammen, um deinen Sinn für Ganzheit und Wohlbefinden wiederherzustellen.«

AMETHYST

Erzengel: Michael

Farben: Lavendel bis Dunkelviolett

Heileigenschaften: Dieser beruhigende, beschützende Stein ist ein ausgezeichnetes Meditationswerkzeug, das die Entwicklung außersinnlicher Fähigkeiten beschleunigt.

Botschaft: »Verbinde dich mit dem Göttlichen, indem du die Frequenzen meiner Schwingungsleiter benutzt. Durch erhöhtes Bewusstsein helfe ich dir, deinen inneren Dialog zum Schweigen zu bringen, damit du den Frieden der Einheit schätzen lernen kannst. Wenn du an der Ausdehnung und Erweiterung deines Bewusstseins interessiert bist, werde ich deine Intuition schulen, indem ich das Öffnen deiner Chakren beschleunige, damit du universelle Weisheit empfangen, verinnerlichen und alte Grenzen überschreiten kannst.

Als Schlüssel zum Selbst setzte ich die Perfektion frei, die von der Persönlichkeit überlagert sein kann, und enthülle auf diese Weise die strahlende Klugheit deiner Seele. Es ist mein Geschenk an dich, die positiven Aspekte deines Wesens hervorzuheben, um ätherisches Bewusstsein zu ermöglichen, in dem Wissen, dass der Segen des Himmels bereits jetzt hier auf der Erde verfügbar ist.«

ANGELIT

Erzengel: Haniel und Raguel

Farbe: Cremiges Himmelblau

Heileigenschaften: Angelit hilft, mit beruhigender Energie, die Glaube, Vertrauen und Gelassenheit verstärkt, Ängste zu beseitigen. Zudem ist er bestens zur Kommunikation mit den Engeln geeignet und als Begleiter bei Astralreisen.

Botschaft: »Geliebte Wesen, wisset, dass ich die Stimme des Himmels bin. Auf meiner Schwingung werden Gebete auf die himmlische Ebene getragen, wo es nur Liebe, Vollkommenheit und Frieden gibt. Ich stehe dir zur Seite als Wächter der Hoffnung, Botschafter des Lichts, Lehrer und Freund. Ich umgebe dich mit meinem Schutz und meiner Hilfe, und es gibt keine andere Trennung als die, die du zu erfahren wählst. Falls du Mangel empfindest, schau nach innen, um zu sehen, welcher Glaubenssatz ans Tageslicht geholt werden sollte, damit er noch einmal genau betrachtet und neu festgelegt werden kann. Meditiere dich mit mir in einen Zustand der Ruhe, damit du die Segnungen der Weisheit empfangen kannst. Die Engel flüstern leise... wirst du sie hören? Oder willst du darauf warten, etwas zu fühlen, was du nicht ignorieren kannst?«

APOPHYLLIT

Erzengel: Raziel und Haniel

Farben: Durchsichtig, Grün, Pfirsichfarben und weiße, natürliche Pyramidenform

Heileigenschaften: Dieser Kristall verbessert Hellsichtigkeit und wirkt unterstützend bei Astralreisen. Darüber hinaus ist er ein ausgezeichneter Meditationsstein, der die Verbindung mit der Energie der Engel herstellt und Ihnen hilft, sich an Ihre Träume zu erinnern.

Botschaft: »Betrete meinen Schwingungsraum, bereit zu reisen, da ich der Gebieter darüber bin, was zwischen den Dimensionen liegt. Ich gebe dir Geleit, während du neue Ebenen des Seins besuchst und ohne deinen physischen Körper durch diese Welt reist. Mach es dir zur Übung, dich von der einengenden Form zu befreien, und richte deine Aufmerksamkeit auf die subtile Übertragung energetischer Erweiterung. Fühle meinen heftigen Puls, während ich in deiner Handfläche ruhe, und visualisiere einen Zustand der Freiheit von der körperlichen Ebene, bei vollem Bewusstsein. Gleichzeitig an zwei Orten zu sein, körperlos zu reisen – die Meister haben dir bewiesen, dass es möglich ist. Die Zukunft ist jetzt.«

AQUAMARIN

Erzengel: Ariel und Raguel

Farben: Von durchsichtigem Meeresschaum bis Blassblau

Heileigenschaften: Aquamarin trägt dazu bei, die emotionalen, mentalen und physischen Körper ins Gleichgewicht zu bringen, und hilft bei der Entwicklung und Verinnerlichung eines Bewusstseins für universelle Wahrheiten.

Botschaft: »Ich vereinige mich mit dir, um die Umgebung voller Hingabe und Leidenschaft für unsere gemeinsame Aufgabe zu klären, die Quelle des Lebens unverfälscht und rein zu halten. Kläre deine Aura mit mir, indem du deine physischen, emotionalen, mentalen und ätherischen Körper in Gleichklang bringst. Ich verhelfe dir zu tiefer Entspannung und hinterlasse in deinem erweiterten Blick für die Magie des Lebens einen Hinweis auf spielende Elfen. Trag mich nahe bei deinem Herzen, um das Meer zu fühlen und dich mit kindlichem Entzücken an Tänze mit Delfinen zu erinnern. Lasse alle deine Sorgen in meinem Ozean aus Grün und Blau. Überlasse deine Ängste und Sorgen der Meeresgöttin und tausche deine alten Glaubenssätze ein gegen Urwissen und göttliches Vertrauen.«

AVENTURIN

Erzengel: Jophiel und Raguel

Farben: Cremiges Blau, Braun, Grün, Pfirsichfarben, Rot

Heileigenschaften: Dieser Stein heilt Herzschmerzen und fördert das Gleichgewicht zwischen Yin und Yang in Ihrem Innern.

Botschaft: »Benutze mich, wenn du lernst, die Gaben des natürlichen Kreislaufs von Fülle und Wohlstand zu empfangen. Sehr oft erwartest du und bist bereit zu geben, doch unbewusst sagst du ›Nein‹, wenn dir die Möglichkeit geboten wird, zu empfangen. Das Akzeptieren der Art und Weise wie sich Fülle manifestiert, ist ein entscheidender Punkt für die Teilnahme am natürlichen Lauf der Dinge. Vergiss nicht, dass männliche (gebende) und weibliche (empfangende) Energien und Eigenschaften gleich wichtig sind. Genauso wie Tag und Nacht im Gleichgewicht sind, verhält es sich mit Yin und Yang… daher sollte Geben und Nehmen Teil deiner täglichen Grundlage sein. Dieser Prozess ist die Basis für gesunde Beziehungen mit deinen Familienmitgliedern und Freunden, und er erlaubt dem Universum, für dich da zu sein.«

AZURIT

Erzengel: Haniel, Raziel und Zadkiel

Farbe: Strahlendes Dunkelblau

Heileigenschaften: Azurit ist ein Transformationsstein, der mit Kreativität, Intuition, Inspiration und der Beseitigung von Illusionen zu tun hat.

Botschaft: »Die reichen Schattierungen des mitternächtlichen Himmels spiegeln sich in meiner Farbe wider, und meine Muster halten weise Ratschläge für dich bereit. Ich bringe die tiefe intuitive Einsicht und Weisheit der weiblichen Gottheit. Durch mich wird der Wahrheit Ausdruck verliehen, frei und ungehindert. Ich toleriere keine Form des Betruges und bringe alles ans Licht, was dir nicht länger dienlich ist. Lade mich nur dann in dein Leben ein, wenn du bereit bist, Illusionen aufzulösen und dein ganzes Innere anzuerkennen. Wirst du die mögliche Verwandlung akzeptieren? Zauberer, wirst du hervorkommen und deine Gaben mit anderen teilen? Die Welt braucht deine heilende Gnade heute und künftig.«

AZURIT-MALACHIT

Erzengel: Ariel, Raguel, Raphael und Zadkiel

Farben: Tiefes Blau und Grün

Heileigenschaften: Die kraftvollen Eigenschaften dieser Steine verbinden sich, um eine neue Energie zu kreieren, die auf das Erkennen der persönlichen Macht gerichtet ist. Außerdem können Azurit und Malachit Stress reduzieren.

Botschaft: »Es ist wahr, wir sind die Erde, verbunden in einer zeitlosen Vereinigung von Stein, der die himmlische Absicht wiederspiegelt und unsere individuellen Heileigenschaften und Gaben verbindet. Wir bringen das Bewusstsein über die Notwendigkeit, die Umgebung von Giftstoffen zu reinigen, die die Ressourcen der Erde zerstören und das Wohlergehen all ihrer Bewohner bedrohen. Wir sind bereit, bei der Schaffung einer friedlichen Manifestation der energetischen Kräfte zu helfen, daher nimm uns mit, wenn du aus ganzem Herzen über die Notwendigkeit von Veränderung sprechen willst.

Respektiere unser Zuhause, da es dein tiefstes Wesen nährt, und reinige sanft deine Umgebung, ohne hartes Tun oder Gedanken. Als Individuum entferne alle Chemikalien aus deinem Hausrat; als Unternehmen macht euch daran, Industrieanlagen, Parks, das von euch benutzte Wasser und eure benachbarte Umgebung zu säubern. Vereinfacht euch den Tag, recycelt, bereitet Wasser wieder auf und ehrt Mutter Erde - so, wie sie euch ehrt -, um den Kreislauf des Lebens aufrechtzuerhalten.

Und was dein Inneres betrifft: Sind deine Gedanken rein oder getrübt von der Überreizung durch andauernde Beschäftigung mit allen möglichen Dingen? Sorge für Ruhe in deinem Innern und erlaube dir, dich dem Geist hinzugeben, damit du so erfrischt erwachen kannst wie die Erde nach einem wohltuenden Regenguss.«

BERNSTEIN

Erzengel: Ariel und Jeremiel

Farben: Durchsichtige Schattierungen von Braun und Gelb

Heileigenschaften: Bernstein ist ein uraltes Manifestierungs-Instrument, das Ihnen helfen kann, Ihre Ziele zu erreichen, wenn Sie den Stein mit festem Vorsatz benutzen.

Botschaft: »Ich bin eines der ältesten bekannten Schmuckstücke, denn das menschliche Auge fühlt sich von der schimmernden Leuchtkraft meiner Farbe und meiner kühlen, glatten Beschaffenheit magisch angezogen. Ich bin oft als Zahlungsmittel von Menschen benutzt worden, die als Händler durch die Welt zogen. Darüber hinaus schenkte ich jenen, die mit mir reisten, beruhigende Energie.

Als fossiles Harz mische ich die Reste der Süße aus dem Reich der Pflanzen mit eingeschlossenen Artefakten aus der Natur, was die Verschmelzung der Ebenen der Pflanzen, Tiere und Mineralien widerspiegelt. Ich bin ein Werkzeug für irdische Manifestation und diene als Mahnung, die Bedürfnisse der Umgebung zu achten. Ich eigne mich besonders gut als Schmuckstück und helfe gleichzeitig, die Yin- und Yang-Energien des Trägers ins Gleichgewicht zu bringen.«

CALCIT

Erzengel: Ariel, Azrael, Haniel, Michael, Raguel, Raphael, Raziel, Sandalphon und Uriel

Farben: Cremefarben, Orange, Blau, Grün, Honigfarben, Braun, Rosa und Grau - mit einem leicht wachsähnlichen Aussehen

Heileigenschaften: Mit sanfter Kraft gibt der Calcit der grundlegenden Struktur des physischen, mentalen, emotionalen und spirituellen Körpers einen Energieschub. Außerdem hilft er, die Aura ins Gleichgewicht zu bringen (Aura-Balancing).

Botschaft: »Wir sind eine Familie aus Farben, genauso untereinander vereint wie die Hautfarben auf der Erde. Jeder von uns ist auf den ersten Blick anders, doch bei näherem Hinsehen sind wir alle einander sehr ähnlich. Wir tragen die Geschichte des Seins in uns: Geformt in der Wiege der Erde durch Wasser und Luft, bringen wir Emotionen ans Licht. Heute bitten wir dich, wie Bruder und Schwester an einer Entdeckungsreise teilzunehmen, voller Vertrauen und der Bereitschaft zu verstehen. Entfernt die Schichten emotionaler Ablagerungen, um eure magische Essenz offen darzulegen.«

Calcit-Varianten

Blauer Calcit

Erzengel: Jophiel, Raguel und Raphael

Heileigenschaften: Dieser blaue Stein hilft, Gelenkschmerzen zu lindern und die ihnen zugrunde liegenden Ursachen freizulegen.

Botschaft: »Sag mir, in welchem Bereich dein Körper schwach ist oder angespannt oder wo Krankheit sich eingenistet hat, damit ich mit dir gemeinsam daran arbeiten kann, die in deinem physischen Selbst eingeschlossene Negativität zu beseitigen. Reise mit mir in stiller Kontemplation, und ich werde die Schmerzpunkte enthüllen und dir dabei helfen, sie zu erkennen und alles loszulassen, was deinem höchsten Wohlbefinden nicht dienlich ist.«

Brauner Calcit

Erzengel: Raguel und Uriel

Heileigenschaften: Brauner Calcit agiert als Stabilisator, wenn Sie mit einander widersprechenden Prioritäten konfrontiert sind; daher ist er ein wundervoller Stein für Eltern und Berufstätige.

Botschaft: »Erdende Stabilisierung ist mein Geschenk an dich. Ruf mich an, wenn die Aktivitäten in deinem Leben überhandzunehmen drohen und du gestresst bist, und ich werde dir helfen, deinem gesunden Ermessen nach die richtigen Prioritäten zu setzen.«

Cremefarbener Calcit

Erzengel: Azrael, Haniel und Raziel

Farbe: Cremiges Gelbweiß

Heileigenschaften: Als Vermittler zum Wiedererlangen des harmonischen Gleichgewichts bewirkt dieser Kristall ein Gefühl der Leichtigkeit und Unbeschwertheit und hilft bei Astralreisen.

Botschaft: »Ich nehme dir die Last von deiner Seele, während du mit Leichtigkeit durch andere Räume von Zeit und Bewusstsein reist. Halte mich in der Hand und fliege in die himmlischen Gefilde, auf dass du dich selbst in deiner ganzen Fülle erkennen kannst.«

Grauer Calcit

Erzengel: Michael

Heileigenschaften: Die graue Variation dieses Minerals hilft Ihnen, in Ihrer persönlichen Kraft zentriert zu sein, und fördert klare Gedanken, die bem Treffen von Entscheidungen dienlich sind.

Botschaft: »Ich unterstütze dich in Zeiten der Veränderung, führe dich zu den richtigen Entscheidungen und helfe dir, deine persönliche Kraft zurückzugewinnen. Weise mir einen Platz in deiner unmittelbaren Nähe zu, damit ich über dich wachen und dich beschützen kann, und wisse, dass du ein Kind Gottes bist, tadellos, vollkommen und geliebt.«

Grüner Calcit

Erzengel: Raphael

Heileigenschaften: Dies ist ein wunderbarer Heilstein für den physischen Körper, der mit Leichtigkeit und Harmonie den göttlichen Fluss in Ihr Leben bringt.

Botschaft: »Fühle die Lebenskraft, wie sie durch mich fließt, wenn wir uns im Geiste verbinden. Bring deinen Verstand zum Schweigen und löse dich von den Stimmen, die in deinem Innern schnattern – ihre Negativität ist nicht glaubwürdig. Du kennst die Wahrheit: Das Universum ist ein Ort der Fülle, und du bist in Sicherheit, beschützt und geliebt.«

Honig-Calcit

Erzengel: Ariel und Raphael

Farbe: Hellbraun

Heileigenschaften: Honigfarbener Calcit hilft, Giftstoffe zu beseitigen und Ihren Körper auf höchstes Wohlbefinden einzustimmen.

Botschaft: »Reduziere mit meiner Hilfe die toxischen Stoffe in deinem Umfeld. Fange an, indem du dich mit kritischem Blick umschaust und in sämtlichen Bereichen deines Umfeldes all jene Gegenstände entfernst, die deiner Gesundheit nicht dienlich sind. Da das universelle Gesetz kein Vakuum kennt, machst du auf diese Weise Raum, um besseren Ersatz zu erhalten. Vertraue darauf, dass du dich neuem Segen in deinem Leben öffnest.«

Orangen-Calcit

Erzengel: Sandalphon

Heileigenschaften: Dieser Kristall bringt ein neues Bewusstsein sowie Wertschätzung des kreativen Ausdrucks und erinnert Sie daran, Ihre eigenen Fähigkeiten voll anzunehmen.

Botschaft: »Komm und spiel mit mir. Erinnere dich an die Tage, da du in friedlicher Betrachtung einfacher Freuden verbracht hast. Du hast vielleicht beobachtet, wie ein Schmetterling aus seinem Kokon schlüpft; oder das Kräuseln des Wassers, wenn du einen Stein darüber tanzen lässt; und die Wolken, die am Himmel ziehen. Du warst bezaubert und voller Ehrfurcht vor diesen Wundern. Halte mich in der Hand und betrachte die Welt wieder mit den Augen eines Kindes. Lass es zu, dass die Vollkommenheit deiner Ausdrucksfähigkeit wieder durchbricht: Schreibe, zeichne, male, singe, tanze, komponiere, lache, spiele… enthülle der Welt das Göttliche aus deinem Innern.«

Rosafarbener Calcit

Erzengel: Ariel und Jophiel

Heileigenschaften: Dieser rosafarbene Stein reinigt Ihr Herzchakra und bringt es wieder ins Gleichgewicht, was zu größerer Selbstliebe führt, während er gleichzeitig Ihre Fähigkeit des Mitgefühls erweitert.

Botschaft: »Sei sanft mit dir selbst und gönne dir Zeiten der Ruhe, um dein Herz zu klären, denn je mehr du dich selbst liebst, desto besser bist du in der Lage, andere zu lieben. Sei gut zu dir und achte auf dein Wohlbefinden, und im Gegenzug wirst du andere Menschen Selbstliebe lehren.«

CELESTIT

Erzengel: Gabriel und Raguel

Farbe: Transparent bis durchsichtiges Blau

Heileigenschaften: Dieser Kristall hilft bei der Weiterentwicklung zu höherem Bewusstsein, verleiht Wissen über innere Wahrheit, dient der Kommunikation mit den Engeln.

Botschaft: »Als himmlischer Bote gebe ich die Schwingungen der Gebete der Erdenebene weiter. Indem ich mich zwischen den Dimensionen bewege, helfe ich, neue Stufen des Bewusstseins zu erschließen und die Heimkehr zur Quelle zu beschleunigen. Man findet mich bei Menschen, die davon überzeugt sind, dass es Engel auf der Erde gibt, und ich verhelfe allen, die diese Tatsache intuitiv als gegeben annehmen, zu bewusster Einweihung. Reden mit den Engeln kann jeder von euch, und Eingebung oder himmlische Führung ist allen zugänglich. Mit den Engeln in Kontakt zu treten ist eine bewusste Wahl, die den gewissen Blick für die leisen Vorzeichen erfordert.

Außerdem bin ich der Stein der inneren Wahrheit. Wenn du beim Meditieren mit mir zusammenarbeitest, werden sich Türen öffnen: Du wirst das Wesen deines höheren Selbst wahrnehmen und lernen, deine Talente und Fähigkeiten ans Licht zu bringen und umzusetzen.«

CHAROIT

Erzengel: Haniel,
Michael und Raziel

Farben: Dunkles
Lavendel bis Blauviolett
mit schwarzweißen Maserungen

Heileigenschaften: Dieser Stein des dritten Auges verbessert die außersinnliche Wahrnehmungsfähigkeit und fungiert als Katalysator bei der Aufdeckung und Auflösung verborgener Ängste.

Botschaft: »Mein Name ist vom Wort ›bezaubernd‹ (englisch: charming) oder ›magisch‹ in der Sprache meines Heimatlandes Russland abgeleitet. Ich bin erst vor kurzem hier angekommen, um die fortschreitende Entwicklung der Menschheit zu unterstützen. Fördere deine hellsichtigen Fähigkeiten, indem du mit mir daran arbeitest, deine Aufmerksamkeit zu zentrieren und dein drittes Auge zu öffnen. Einengende Glaubenssätze und Ängste werden durch meine erhöhte Schwingung erkannt und gebannt. Als Stein der Weisen habe ich Rat für dich Allzeit bereit, Immer gegenwärtig, helfe ich, die Wahrheit zu erkennen.«

CHRYSANTHEMUM

Erzengel: Ariel

Farben: Grauschwarz mit weißen Maserungen, ähnlich wie die gleichnamige Blume

Heileigenschaften: Dies ist der Stein der Veränderung. Er erhöht die Umgänglichkeit und schafft eine Einheit aus Vergnügen und Unbefangenheit. Darüber hinaus hebt er Beschränkungen auf und hilft Ihnen, sich auf den Weg zu Ihrem Ziel zu machen oder ihn beizubehalten.

Botschaft: »Mit mir erwarte das Unerwartete. So, wie einem Elementarwesen Veränderungen ein Vergnügen sind, habe auch ich Spaß daran. (Vielleicht lugen Feen deshalb neugierig hinter Blumen hervor und lassen ihre Flügel in den Blütenblättern der Chrysantheme erkennen.) Veränderung ohne Gefahr ist möglich, und ich bin hier, um dies zu beweisen. Male dir deine Wünsche aus, und ich werde mit dir zusammenarbeiten, um sie zu verwirklichen. Wundere dich nicht, wenn du ein kleines Extrageschenk erhälst. Lachen ist pure Freude, die laut zum Ausdruck gebracht wird. Erinnerst du dich noch an die Neugierde, die du als Kind gekannt hast? Nichts blieb verschont oder war inverrückbar – und das ist auch heute noch so. Du hast dir Veränderung gewünscht. Wie wird sie sich zeigen?«

CHRYSOKOLL

Erzengel: Azrael und Raguel

Farben: Hellblau bis Blaugrün

Heileigenschaften: Der Chrysokoll stellt das Gleichgewicht in Ihrem Herzchakra wieder her und bringt Stabilität sowie emotionales Bewusstheit. Dieser Stein bringt die Heilenergie universeller Liebe in Ihre subjektive Erfahrung.
Botschaft: »Ich bin gekommen, um in Zeiten emotionalen Aufruhrs das innere Gleichgewicht des Menschen aufrechtzuerhalten. Freude ist dein natürlicher Seinszustand, doch gibt es Zeiten irdischer Erfahrung der Seele, da Kummer und Leid vorherrschen. Wenn du emotionalen Schmerz erleidest, helfe ich dir, durch stille Meditation Gefühle der Trennung und Trauer loszulassen. Mit mir fühlst du unerwartet wohltuende und liebevolle Hilfe Gottes. Deine Trauer vergeht, indem ich dir durch Schwingungsmuster dein Herz heile und neue Perspektiven gebe. Ich bin ein ausgezeichneter Gefährte, egal ob du mich in Silber fasst oder lose in deiner Hosentasche bei dir trägst; ich bin die Erinnerung daran, dass im ewig fließenden Strom des Lebens alles vollkommen und perfekt ist.«

CHRYSOKOLL-MALACHIT

Erzengel: Raguel

Farben: Kombinationen von Hellblau, Blaugrün und Dunkelgrün, durchzogen von Varianten wirbelnder Muster

Heileigenschaften: Diese Zusammensetzung zweier Steine eignet sich ausgezeichnet für alle beruflichen Angelegenheiten. Er unterstützt Sie beim Erlangen von Reichtum, verstärkt Ihre Liebesfähigkeit und hilft Ihnen, Grenzen aufzuheben.

Botschaft: »Bei Geschäftsleuten und Unternehmern bin ich stets willkommen; sie erkennen die Basis für Wohlstand, die der Dienst am Nächsten ist. In völliger Eintracht ermögliche ich die wachsende Erkenntnis, dass jedes Geschäft mit Menschen zu tun hat, die ein gemeinsames Ziel haben. Ich bin ein ausgezeichnetes Werkzeug zur Verbindung unterschiedlicher Ansichten, da ich deren Schönheit wiederspiegele, die in Übereinstimmung gebracht, ein besseres Ergebnis erzielen. Die Kombination meiner Eigenschaften öffnet die Seelen der Menschen für Fülle in jeglicher Form. Habe mich stets dicht bei dir, wenn du Brücken des Friedens baust.«

CHRYSOPRAS

Erzengel: Raphael

Farben: Apfelgrün bis Zitronengelb

Heileigenschaften: Dieser helle, fröhliche Stein hilft bei der Lösung persönlicher Probleme und beseitigt mit beruhigender, heilender Energie die Schatten der Trauer.

Botschaft: »Freude ist unser Urzustand - wenn du also etwas anderes als das Leuchten der Vollkommenheit in deinem Innern fühlst, ist dies ein Zeichen dafür den Funken der Einheit erneut zu entfachen. Bewahre mich nahe an deinem Herzen und wisse, dass die Trennung nichts als eine Illusion ist und dass du niemals allein bist. Fühle die Präsenz der Liebe, die dich in jedem Augenblick umgibt - öffne dein Herz und deine Augen, um die Liebe in all ihrer herrlichen Fülle wahrzunehmen. In diesem göttlichen Kunstwerk ist die Schönheit gemeinsamer Erfahrungen und universellen Verstehens zu erkennen. Um sie zu finden, lasse die Sorgen um dein Wohlergehen, betrete die Ebene des Dienens und lasse dein ganzes Wesen von der Essenz freudiger Begeisterung erfüllt sein.«

CITRIN

Erzengel: Ariel, Gabriel und Uriel

Farben: Gelb bis tiefes Goldbraun

Heileigenschaften: Dieser Kristall verstärkt die Selbstachtung und arbeitet als kraftvolles Werkzeug mit dem höheren Selbst daran, alte Muster zu heilen und Fülle in Ihr Leben zu bringen.

Botschaft: »Magische Quellen goldenen Lichts in meinem Innern spiegeln universelle Vollkommenheit wider, wie das Licht Christi. Ich helfe dir bei der Erkenntnis, dass alles im Universum immer im Fluss ist. Wenn du mich mit festem Willen benutzt, werden sich deine Vorstellungen auf wunderbare Weise erfüllen. Die unendliche Fülle des Universums offenbart sich unverzüglich, sobald du erkennst, dass deine Gedanken wie eine elektrische Leitung funktionieren. Ich ermögliche diesen Energieaustausch, weshalb ich als Stein der Kaufleute bekannt bin. Denn wisse: Fülle hat nicht nur etwas mit Geld zu tun - sie äußert sich auch in Gesundheit, Zeit und Beziehungen, in allen Dingen, die die Erfüllung deiner lebenserhaltenden Aufgabe um Leidenschaft und Hingabe bereichern.«

DANBURIT

Erzengel: Raziel

Farben: Durchsichtig, Rosa, Weiß und Gelb

Heileigenschaften: Dieser Schamanenstein zeichnet sich durch eine klare, reine und intensive Energie aus, die Grenzen und Blockaden mit Freude überwindet. Er ist ein kraftvolles Heilwerkzeug, das am besten in Verbindung mit anderen Kristallen benutzt wird.

Botschaft: »Als Hochfrequenzleitung auf dem Weg zur Erleuchtung bin ich ein Gefährte von Schamanen, Zauberern und Priesterinnen. Ich toleriere weder Verwirrung noch Furcht und werde diese Emotionen schnell ans Licht bringen, daher erwarte in meiner Gegenwart Glaube und Vertrauen. Ich verspreche dir, dich auf Astralreisen auf Abenteuer zu begleiten, die deine Sinne transzendieren und eine neue Denkweise herbeiführen. Ich öffne deine Augen dafür, dass durch Schwingung unmittelbare Manifestation, Heilung und telepathische Kommunikation auf allen Ebenen möglich ist… und mehr. Erkenne, dass ich ein Heiler bin, bewandert im Herausfinden des Bereiches und der Ursache der Erkrankung, und dass ich am besten in Verbindung mit erfahrenen Therapeuten arbeite. Zögere nicht mich herbeizurufen und erlaube meinen Kristallfreunden, weitere Heilimpulse zu geben.«

DIAMANT

Erzengel: Raziel

Farben: Blau, Klar (Weiß), Rosa, Gelb

Heileigenschaften:
Ein Diamant reflektiert alle Farben des Regenbogens und Chakrasystems. Er ist ein Stein der Klarheit, Verbindlichkeit, Hingabe und Kommunikation; darüber hinaus verbessert er Wohlstand, verstärkt Liebe und Spiritualität und hilft dem, der ihn trägt, sich auf seine Lebensaufgabe zu konzentrieren.

Botschaft: »Ich zeige das ganze Farbspektrum in meiner Funktion als Lichtbrücke in die Chakren, wo ich den Energieaustausch verstärke. Als inkarnierter Fürst des Mineralienreichs erkennt man in meiner Brillanz Klarheit, Fülle und Hingabe, und ich erwidere klar den Ruf des Himmels. Sich auf meine Energie einzulassen verlangt Klarheit, echte Motivation, bedingungsloses Annehmen und leidenschaftliche Hingabe. Als Symbol für Partnerschaft eigne ich mich am besten für gemeinsame Erfahrungen, die die Seelen der Menschen zu einem Ort tiefer Liebe führt. Ich channele göttliche Energie und die Gnade der Engel, um jene willkommen zu heißen, die bereit sind, sich mit offenem Herzen hinzugeben, gemeinsam zu lernen und zu wachsen. Wirst du mit mir auf die Reise gehen?«

DIOPTAS

Erzengel: Raphael

Farben: Dunkles Smaragdgrün

Heileigenschaften: Dieser Stein hilft, inneres Gleichgewicht zu erlangen. Er ist ein kraftvoller Heilkristall, den Sie zur Erlangung von Harmonie benutzen können, während Sie auf das Erreichen Ihrer persönlichen Ziele hinarbeiten.

Botschaft: »Als ein Meisterstein für Heiler erlaubt mir die Vereinigung mit jenen unter euch, die sich der Verbesserung von Gesundung auf allen Ebenen verpflichtet haben, sowie der Öffnung neuer Wege der Energieheilung. Vielen unter euch bin ich vertraut aufgrund der Funktion, die ihr in früheren Inkarnationen ausgeübt habt; heute stelle ich durch die Kristall-Therapie wieder Methoden vergangener Zivilisationen vor. Unsere erneute Verbindung führt zu aufregenden Entdeckungen im Bereich der Heilung, mit dem Hauptziel auf Heilung alter Wunden, und ihr werdet lernen, verborgenen Schmerz zu lindern, indem ihr wieder zu spielen lernt. Es ist wieder an der Zeit, wie ein Kind zu denken, mit Begeisterung zu handeln und mit jeder Handlung und jedem Gedanken nur das Beste zu erwarten.«

FLUORIT

Erzengel: Chamuel, Raphael, Raziel und Uriel

Farben: Blau, Klar, Grün, Purpur und Gelb

Heileigenschaften: Dieses Mineral fördert spirituelles Wachstum und ist ein wunderbarer Helfer, wenn Sie Zugang zu Ihrem Unterbewusstsein erlangen wollen. Fluorit ist ein kraftvoller Heilstein, der Ihnen hilft, Ihre Energie zu erden und Ihren Fokus zu verbessern.

Botschaft: »Gemeinsam bieten wir euch an, euch beim Prozess der Wahrheitsfindung zu unterstützen. Wir tragen sanfte Verbindungen kraftvoller Heilwirkungen in uns, die meditative Erfahrungen auslösen, Schichten der Persönlichkeit ablösen und euch auf Schauungen vorbereiten, um euer wahres Selbst zu finden. Wir werden häufig bei einer Sitzung angerufen, bei der Begegnungen mit aufgestiegenen Meistern und Geistführern hergestellt werden sollen. Doch wir ermöglichen auch eine Klärung der Gedanken, um euch zu helfen, eure täglichen Aktivitäten konzentriert und problemlos zu erledigen; und als persönliche Trainer stehen wir Einzelnen im Heilbereich zur Verfügung, die an der Wirkung und Anwendung der Kristall-Therapie interessiert sind.«

GOLD

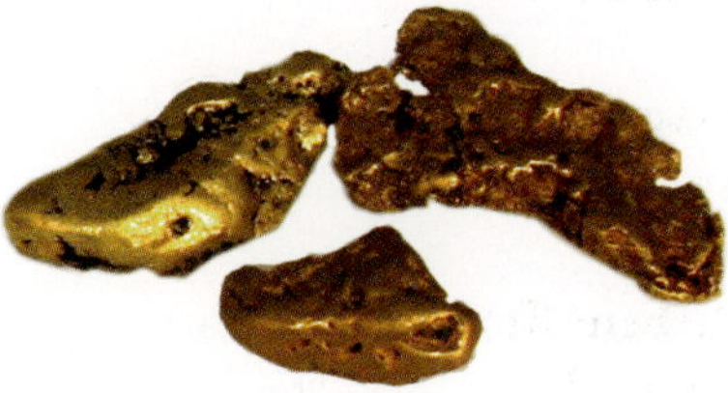

Erzengel: Michael, Raphael und Uriel

Farbe: Metallisch-gelbes Erz

Heileigenschaften:
Gold ist ein Allheilmittel; es repräsentiert die männliche Energie der Tat, stabilisiert, reinigt und stellt das innere Gleichgewicht wieder her.

Botschaft: »Als ein Überbringer des Christus-Lichts bin ich eines der kostbarsten Elemente. In meiner metallischen Form diene ich vielen Bewohnern des Reichs der Mineralien als Partner, indem ich ihre Schwingungen auf die höchste Stufe anhebe.

Ich erinnere an die Sonne, strahlend und lebensspendend, und mein Glanz ist Ausdruck von Wohlstand und Reichtum. So direkt und gerade heraus wie die männliche Energie, strahle ich eine Aura des Könnens und Durchsetzung aus und schenke jenen, die mich tragen, Selbstvertrauen und jenen, die mit mir Handel treiben, ein Gefühl der Stabilität. Mein wirklicher Wert besteht in der reinen Form des Energieaustausches.«

GRANAT

Erzengel: Gabriel, Haniel und Raphael

Farben: Rot, Gelb, Grün, Braun, Rosa und Schwarz

Heileigenschaften: Granat regt Leidenschaft, Kreativität und Intention an und eignet sich vorzüglich bei der Heilung von Blutkrankheiten.

Botschaft: »Bist du unsicher, was du auf dieser Erdebene erreichen möchtest? Ist deine Kreativität blockiert, oder wünschst du dir mehr Leidenschaft in deinem Leben?

Ja, ich habe es schon gedacht – das ist der Grund, warum du mich mit nach Hause genommen hast. Mit einer Farbe so rot wie Blut erzeuge ich Energie und helfe, sie zu verlagern, was dir die Freiheit gibt, auf neue Weise zu experimentieren. Ich löse Angst auf und zerstreue deine Sorgen, indem ich dich daran erinnere, dass deine Gedanken deine Erfahrungen bewirken. Wenn du dein Ziel mit einem Gefühl der Dankbarkeit im Auge behälst, ersetzt die Welt dein ›Oh nein!!‹ Durch ein ›Ah!!‹ der Überraschung und des Glücks, indem du das manifestierst und in die Tat umsetzt, was vorher nur ein Traum war.«

HÄMATIT

Erzengel: Jophiel und Michael

Farbe: Leuchtendes Grau

Heileigenschaften: Dieser Stein verstärkt persönliche Anziehungskraft, Optimismus, Willenskraft und Mut. Darüber hinaus stärkt er den physischen und Ätherleib und dient als Erdungsinstrument.

Botschaft: »Durch meine schwere Beschaffenheit besteht eine direkte Verbindung zu Stabilität und Sicherheit, und ich begleite dich, während du neue Ebenen deines Selbstverständnisses erkundest. Indem ich die Schönheit und Last jedes Einzelnen widerspiegele, bin ich ein Katalysator erster Wahl, um gemeinsam mit dir alle Schichten negativer Ablagerungen bei dir sichtbar zu machen und zu beseitigen. Wir bereiten diese energetischen Reste auf ihre Reingung vor und bringen dir Glück, indem wir Optimismus, Risikobereitschaft und Willenskraft verstärken. Während du deine Sichtweise veränderst, werden dein wachsendes Vertrauen und die Fähigkei, Kontrolle loszulassen, deine persönlichen Anziehungskraft verstärken. Zudem kann der Prozess des Loslassens deinen Schlaf verbessern, Sorgen um deine Gesundheit beseitigen und sich beruhigend auf dein persönliches und geschäftliches Umfeld auswirken.«

JADE

Erzengel: Raphael und Raziel

Farben: Grün, Lavendel, Weiß, Schwarz, Gelb, Rot, Braun und Blau, mit cremefarbenen oder lichtdurchlässigen Partien

Heileigenschaften: Dieser Stein des Wohlstandes fördert die Gesundheit und unterstützt die Erinnerung an vergangene Inkarnationen und alte Weisheiten, vor allem bei den der asiatischen Bräuchen.

Botschaft: »Ich schenke Gelassenheit, Frieden, Weisheit und Wohlstand bereit sowie ein Gefühl wohltuender Ausgeglichenheit. Du kannst mich direkt auf deiner Haut tragen als Erinnerung an die Segnungen des Himmels. Ich agiere als Energieleiter für Veränderung von dieser Ebene zur nächsten, indem ich eine friedliche Atmossphäre erzeuge, daher halte mich in der Hand oder drücke mich sanft gegen deine Stirn, um ein Gespräch mit jenen zu beginnen, die vor dir hier gewesen sind. Ich war von jeher sowohl ein Schatz von Königen als auch eine in Kriegen benutzte Waffe, doch meine Aufgabe ist es stets gewesen, zu heilen, Inspiration und Wachstum anzuregen und euch alle zur gleichen Zeit an das unendlich großzügige und liebevolle Universum zu erinnern.«

JASPIS

Erzengel: Ariel und Metatron

Farben: Rot, Braun, Gelb, Rosa, Grün, Blau und Violett

Heileigenschaften: Die Farbfamilie des Jaspis arbeitet mit den Chakren, um das Gleichgewicht innerhalb der Energiezentren wiederherzustellen, sie erneut zu eichen und zu heilen. Seine sanfte Energie fördert zudem organisatorische Fähigkeiten und beschleunigt die Beendigung von Projekten aller Art.

Botschaft: »Als fürsorglicher Freund, dessen sanfte, unablässige Führung dir so vertraut ist wie die elterliche Liebe, verspreche ich Erholung von dem Chaos täglicher Ereignisse. Ich fördere klares Denken, Organisationsfähigkeit und den Abschluss von Projekten, indem ich mit dir daran arbeite, deine Energien durch deine offenen Chakren zu lenken. Meine Farbkombinationen stimmen sich auf natürliche Weise zum Zwecke der Chakrameditation und Klärung ab.«

Jaspis-Varianten

Ozean-Jaspis

Erzengel: Ariel und Metatron

Farben: Rosa, Grün und Weiß

Heileigenschaften: Ozean-Jaspis verkörpert die das Herz heilenden Eigenschaften der Farben Rosa und Grün. Darüber hinaus stimuliert seine kreisförmige Maserung Durchatmen und den Energiefluß.

Botschaft: »In meinen Mustern von Rosa, Grün und Weiß gibt es eine Fülle kreisförmiger Bewegungen. Ebenso wie sich die Wellen des Meeres im harmonischen Rhythmus bewegen, erinnere ich dich daran, in einem gleichmäßigen Tempo zu atmen, um die Belastung durch Giftstoffe in deinem Körper zu beseitigen.«

Picasso-Jaspis

Erzengel: Ariel

Farben: Varianten von Erdtönen, wie zum Beispiel Braun, Grün und Rot, die so aussehen, als hätte Mutter Erde zum Pinsel gegriffen, um einen wunderschönen Moment festzuhalten

Heileigenschaften: Dieser Stein ist der beste Gefährte, um die Heilkräfte der Natur nach drinnen zu holen. Außerdem erinnert er Sie daran, regelmäßigzu meditieren.

Botschaft: »Die Natur malt ihre Bilder in meinem Rahmen, daher halte inne und erfreue dich an dem majestätischen Anblick der Erde, wie er in mir eingefangen ist. Ich rege stärkere Beziehungen zu Mutter Erde an, wenn du mich in dein Haus bittest, um dir bei deinen täglichen Aufgaben zu helfen.«

* * *

KARNEOL

Erzengel: Gabriel

Farbe: Durchsichtiges Orange

Heileigenschaften:
Der Karneol fördert das Gleichgewicht zwischen mentalem Bewusstsein und kreativer Inspiration und erlaubt Ihnen, Ihre Vorstellungen zu realisieren. Daher ist er ein wunderbarer Handstein für kreativ tätige Menschen.

Botschaft: »Ich bin der Stein der Künstler und spiegle seelenvollen Ausdruck durch Worte und Taten wider. Ich bringe Kraft in die Bewegungen des Tänzers und verleihe den Entwürfen der Designer Feuer. Woran auch immer deine Kreativität sich entzünden mag, ich eröffne dir eine neue Dimension von Tiefe und bringe Menschen und Erfahrungen in dein Leben, die deine Vision mit dir teilen und dich bei ihrer Manifestation unterstützen. Die Künstler unter euch sollten mich mit Stolz als Schmuckstück tragen und auf diese Weise ihre Verbindung mit der Energie des Sakralchakras zum Ausdruck bringen. Es ist dein gutes Recht, die Macht der Kreativität zu kennen, daher richte dein Leben danach aus, wie du es für richtig hälst: erfüllt von bedingungsloser Liebe, mit einer klaren Aufgabe, umgeben von Fülle und gesegnet mit vollkommener Gesundheit.«

KORALLE

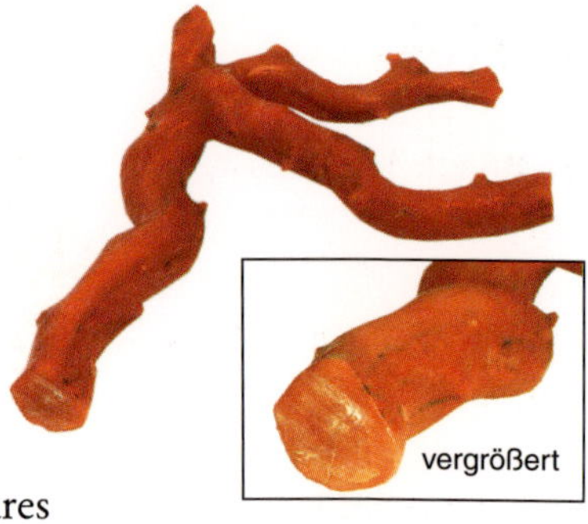

Erzengel: Ariel

Farben: Rosa, Rot und Weiß

Heileigenschaften:
Die Koralle ist ein kostbares Geschenk des Meeres, das die Heilung von Knochenstrukturen unterstützt und emotionalen Kummer lindert.

Botschaft: »In Strömungen und auf sedimentierten Meeresböden zu finden, bringe ich aufeinander abgestimmte Geschenke, um vollkommene Gesundheit herbeizuführen. Meine Skelettform stärkt den menschlichen Körper in unendlich vielen Varianten; als Schmuck oder Nahrungsmitteln. In meinem Innern habe ich die Erinnerungen an das Meer gespeichert und helfe dir, die emotionalen Fluten der Veränderung zu durchkreuzen, in denen du treibst. Ich verankere dich in der bedingungslosen Liebe von Mutter Erde und dem Himmelsvater und überwinde mühelos jeden Abgrund von Trennung. Wisse, dass dein Fundament stark ist, und pflege alle Seiten deiner Gesundheit, indem du gut für das Wohlergehen deines Körpers und deiner Seele sorgst. Wenn du dies befolgst, wird sich eine erfolgreiche Wirkung einstellen, die deine Lichtmission auf dieser Erde unterstützt und letztendlich eine erfolgreiche Vollendung dieses Zyklus ermöglicht.«

KUNZIT

Erzengel: Jophiel und Raguel

Farben: Rosa, Lavendel, Klar, Gelb und Grün

Heileigenschaften: Kunzit öffnet Ihr Herz für die Liebe und hilft eine harmonische Partnerschaft entstehen zu lassen. Auf diese Weise fördert er den Frieden auf der Erde und reduziert individuelle Gefühle der Abgetrenntheit und Stress.

Botschaft: »Ich heiße dich mit der gesteigerten Kraft weiblicher Schwingungen willkommen. Ich verleihe dir meine Stärke, damit du die Ablagerungen deines Schmerzes aus dieser und anderen Zeiten auflösen kannst, was zu freier und bedingungsloser Liebe in deiner Seele führt. Die Entscheidung, auf allen Ebenen vollkommen zu sein, liegt bei dir, denn kein anderer hat die Macht, dein Leben zu heilen. Tritt näher, um den Grund für deine Abgetrenntheit und Einsamkeit herauszufinden und loszulassen, und hole dir dein wahres Wesen zurück: Freude. Die Bürden des Herzens lösen sich dadurch auf, dass du ihre Existenz anerkennst, akzeptierst und vergibst. Daher mache dich frei in kostbaren Augenblicken, in denen du die Begrenzung selbst auferlegter Abtrennung freilegst und wieder an-Selbstvertrauen gewinnst.«

KUPFER

Erzengel: Raphael

Farbe: Metallisch-orangefarbenes Erz

Heileigenschaften: Kupfer eignet sich ausgezeichnet zur Linderung von Gelenkschmerzen. Außerdem verstärkt dieses Mineral Selbstachtung und Selbstbewusstsein und hilft, emotionale Grenzen zu setzen.

Botschaft: »Flexibilität ist erforderlich für die Teilnahme an dieser Lebensreise, da es Myriaden der herrlichsten Erfahrungen gibt, die du in deiner menschlichen Verkörperung aufnehmen sollst. Du warst einverstanden, in dieser irdischen Verkörperung Gefühle und Leben anzunehmen und dabei stets zu wissen, dass reine Energie dein vollkommener Seinszustand ist. Glückwunsch zu deinem Mut. Ich habe eure Rasse in ihrem Fortschritt unterstützt, indem ich als Überlebensmittel und Heilwerkzeug jenen diene, die unter lähmenden körperlichen Schmerzen leiden. Meine Wohltaten ermutigen dich, fortwährend deine körperlichen und geistigen Fähigkeiten zu erweitern. Lerne, deine Gesundheit zu achten und zu erhalten, indem du auf allen Ebenen deines Seins - physisch und emotional - geeignete Grenzen setzt. Freue dich über diese Inkarnation und nimm neue Herausforderungen an, so, wie du sie im Yoga oder Tanzen findest - das Koordinieren all deiner Seiten wird dir ein Leben lang als Fundament jugendlichen Antriebs dienen. Ich vertraue darauf, dass du die Welt weiterhin über meine wohltuenden Eigenschaften aufklären wirst.«

KYANIT

Erzengel:
Metatron und Raguel

Farbe: Perlmuttschimmernd Blau mit Weiß

Heileigenschaften: Kyanit verschafft Ihnen den Zugang zu kindlicher Begeisterung und Optimismus. Außerdem ermutigt er Sie, voller Selbstvertrauen aus Ihrem Inneren heraus zu sprechen und Freude am Leben zu empfinden.

Botschaft: »Ich vermittle dir ein Gefühl sanfter Liebe und die Kraft, deiner persönlichen Wahrheit verbal Ausdruck zu verleihen. Ich helfe dir, den Weg frei zu machen und den Informationsfluss zu fördern, indem ich Blockaden im Kehlchakra auflöse und deine Ängste beseitige. Indem ich die Türen zur Erforschung des höheren Verständnisses und kosmischen Bewusstseins öffne, zeige ich neue Wege auf, die in disharmonischen Bereichen auf der Erdebene zu bahnbrechenden Lösungen führen. Wenn wir gemeinsam an deiner Selbsterkenntnis und Selbstverwirklichung arbeiten, ist mein Geschenk an dich die Fähigkeit, die Wahrheit zu erkennen. Daher bitte ich dich, für das Erreichen dieser Ziele meine Hilfe anzunehmen. Frage dich selbst: Ist es die Gegenwart oder die Vergangenheit, die hier erneut zutage tritt? Rufe mich herbei, um Konflikte zu lösen, sowohl in deinem Innern als auch bei Beziehungen mit anderen.«

LABRADORIT

Erzengel: Haniel,
Michael und Raziel

Farbe: Dunkelgrau,
mit irisierenden
Schattierungen von Grün,
Blau und Gelb

Heileigenschaften: Der Labradorit repräsentiert das Sternenzelt; er hilft Ihnen, Ihre Lebensaufgabe zu erkennen, und schenkt Klarheit der inneren Sicht.

Botschaft: »Aus fernen Galaxien kommend, bin ich der Stein innerer Verbundenheit und spiegele die Kraft der Magie in meinem Innern. Ich sorge für die vereinte Kommunikation der Chakren vom Solarplexus bis zum Energiezentrum des dritten Auges und verhelfe dir zu einer neuen Ebene beim Kontakt mit dem Göttlichen. Arbeite mit mir bei geschlossenen Augen, während sich dein Körper natürlich entspannt. Meine Energie gestattet einen sicheren Zugang zu Weisheit, damit du in neue Dimensionen reisen kannst; meine Kraft ist wagemutig, daher sei darauf vorbereitet, dich in immer schnellerem Rhythmus zu bewegen. Rufe mich herbei, wenn du den Mut hast, über die Grenzen des Bekannten hinaus zu reisen, und bereit bist, dein Bewusstsein zu erweitern.«

LAPISLAZULI

Erzengel: Michael, Raziel und Zadkiel

Farben: Königsblau bis Dunkelblau mit eingestreuten Flecken von Gold und Weiß

Heileigenschaften: Dieser Stein erweitert Ihre Wahrnehmung, indem er Ihr drittes Auge öffnet und eine Verbindung zwischen Kopf und Herzen herstellt, um inneres Gleichgewicht und Gegenseitigkeit in Ihren Beziehungen herzustellen.

Botschaft: »Angehöriger, ich fordere dich auf, hervorzutreten und die Wahrheit zu sprechen. Kannst du das Echo der Stimmen aus der Vergangenheit hören? Bitte um Führung, und Rat wird dir zuteil werden. Nimm deine Aufgabe an, sage deine Meinung, löse Furcht auf und ersetze sie durch Verständnis, während deine Stimme bis zum Himmel hinauf getragen wird. Ich bin Teil unseres Vermächtnisses von Königen und Königinnen, die mein strahlendes Blau als Zeichen der Macht liebten, und deine Worte sind machtvoll. Benutze mich, um durch Wort und Tat zu lehren; diene denjenigen als Heiler, die ihren Ausdruck noch finden müssen, und segne jene, die ihn gefunden haben. Wisse, dass du behütet bist, und gehe deinen Weg in Frieden.«

LARIMAR

Erzengel: Ariel und Raguel

Farbe: Sanftes Wasser, blau gemischt mit Weiß, an die Gewässer tropischer Inseln und die weißen Schaumkronen der Wellen erinnernd

Heileigenschaften: Larimars sanfte, unschuldige Energie erinnert an die des Einhorns. Dieser Stein hilft mit seinem beruhigenden Wesen bei der Überwindung von Depressionen.

Botschaft: »Ich schenke Entzücken und rufe Erinnerungen an Delfine hervor, wie sie auf den Wellen des Meeres mit Wassergeistern spielen; glückliche Feen, die zwischen Blumen hin- und herflattern; und Einhörner, die ungestört auf weiten Auen grasen. Betrachte mich, um ein Bild deiner Selbst zu sehen, das in deinem Innern wohnt, denn in meinem Gesicht spiegelt sich die Wahrheit wider, die Reinheit des verwirklichten Geistes. Mit mir ist dein Herz frei von Angst und dem Verlust der Unschuld - stattdessen fühlst du seelige Vollkommenheit. Wähle den Weg zu göttlicher Weisheit und Frieden, und ich werde die Ebenen des Bewusstseins überbrücken, um dir in deiner jetzigen Verkörperung ein Gefühl der Harmonie zu vermitteln. Ich kann dir einen wunderbaren Ausblick von den Wolken zeigen, die deinem ehemals gebrochenen Herzen seine Gelassenheit wiedergeben und es in die wohltuende Liebe einhüllen.«

LEMURIA-QUARZ

Erzengel: Haniel und Raziel

Farbe: Klarer Quarzkristall mit einem Hauch sanften Rosas und auffallenden Rillen an den Seiten

Heileigenschaften: Dieser seltene, kraftvolle Stein hilft Ihnen, an wertvolle Informationen vergangener Zivilisationen anzuknüpfen, und er ist besonders hilfreich sowohl für telepathische Zwecke als auch bei der Heilarbeit. Darüber hinaus fördert er Selbstvertrauen, indem er die Ausrichtung und Konzentration verbessert.

Botschaft: »Ich bin der Hüter der Aufzeichnungen einer Zivilisation, die als Lemurien bekannt ist, ein Kontinent, der sich einst über die ganze Erde erstreckte und heute in anderen Dimensionen existiert. In meiner Struktur liegt der Schlüssel zum Verständnis des Wissens aus dieser Zeit. Jene, die sich von mir angezogen fühlen, erkennen die Macht der Schwingung, der Farben und der Töne... und sie kommunizieren ohne Worte im Wissen über die Fähigkeit, sich mit der Liebe zu verbinden. Auch Heiler fühlen sich von mir angezogen, da ich die heiligen Geheimnisse früherer Tempelsäle bewahrt habe. Als in kristalliner

Form eingefangener Regenbogen helfe ich dir bei deiner Entwicklung, doch musst du reinen Herzens sein, um mich zu nutzen, denn mir ist Zerstörung bekannt und ich werde mich nicht mehr daran beteiligen. Meine Mysterien werden so lange verborgen bleiben, bis ich dich kenne und Vertrauen aufgebaut habe. Suche nicht nach mir, sondern übe dich in Geduld, denn ich werde zum richtigen Zeitpunkt erscheinen, auf dass du wieder mein vertrautes Antlitz erkennen wirst.«

LEPIDOLIT

Erzengel: Raguel und Raphael

Farben: Lavendel bis Rosa, mit glitzernden Flecken

Heileigenschaften: Dieser beruhigende Stein entspannt Sie und heilt Stress, während er gleichzeitig die Anbindung an Ihr höheres Selbst verbessert.

Botschaft: »Atme. Du vergisst so oft wie wichtig Atem ist, die Lebenskraft, die dich energetisiert, stabilisiert und zentriert. Halte mich in der Hand und fühle, wie Wellen der

Entspannung über dich hinwegplätschern und dir Erfrischung und neue Kraft schenken - was meine Art ist, dich an das Atmen zu erinnern. Wenn der Wirbelwind der Ereignisse in deinem Leben dich aus der Bahn zu werfen droht, rufe mich herbei, um dir die sanften Farben eines friedlichen Sonnenuntergangs zu zeigen, wenn der Tag vollendet ist und die Nacht sich darauf vorbereitet, deine Seele zu beruhigen. Lege die Last ab die du trägst, und lasse deine Gefühle freier werden. Ich unterstütze deine Hellsichtigkeit, führe dich in die Traumwelt und helfe dir, dich an das zu erinnern, was in der kosmischen Bibliothek geschrieben steht. Entspanne dich und bitte um meine Führung, geliebtes Wesen.«

MALACHIT

Erzengel: Raphael

Farbe: Sattes, tiefes Grün mit Adern helleren Grüns und Mustern, die an das dritte Auge erinnern

Heileigenschaften: Dieser wirkungsvolle Heilstein fördert körperliche Gesundheit, indem er das Herz stärkt. Außerdem zieht er Fülle an, indem er Ihnen hilft, Ihre Lebensaufgabe umzusetzen.

Botschaft: »Erinnere dich mit mir an die köstliche Nahrung und Quelle der Liebe. Ich diene als Schlüssel zur Erkenntnis des Herzens, bereit, dir auf deiner Entdeckungsreise und der Erfahrung von Einheit in allem zu helfen. Vollkommen und fehlerlos in unserer jeweiligen Form, ist kein Stein wie der andere, und in dieser Einzigartigkeit wirst du die Schönheit der Akzeptanz finden. Lerne mit mir, das zu betonen, was dich von anderen unterscheidet, verbunden mit der Gnade des Wissens darum, dass du zudem Teil der einen Lebensessenz bist; denn wenn wir alle auf den ersten Blick auch unterschiedlich erscheinen, sind die Gemeinsamkeiten unserer Herzen dennoch offensichtlich. Ich bin hier, um dir zu helfen, diese Kraft der Liebe in deinem Leben zu verstärken, daher lade mich ein, mit dir gemeinsam zu meditieren, damit ich deine Intention vergrößern kann, auf allen Ebenen und über alle Richtungen der Zeit und des Raumes hinweg zu heilen, indem du dein Herz öffnest, um die Gabe universeller Hilfe und Liebe zu empfangen.«

MOLDAVIT

Erzengel: Ariel, Raphael und Raziel

Farbe: Grün

Heileigenschaften: Der Moldavit besitzt eine außergewöhnliche Schwingung, die das Bewusstsein erhöht und Ihnen hilft, den Kontakt mit aufgestiegenen Meistern herzustellen.

Botschaft: »Bist du bereit, mit mir auf der schwingenden Frequenz meines Ursprungs zu fliegen? Als Meteorit war ich ein leidenschaftlich brennender Feuerball am Himmel, bis ich in die offenen Arme von Mutter Erde fiel. Ich bin bis vor kurzem noch im Verborgenen geblieben, bevor ich eingeweiht wurde. Viele haben mittlerweile den Ruf gehört, ausgesandt von den Delfinen und Walen, und durch ihre Sprache der Weisheit werde ich als Heilungsart aktiviert. Ich bin habe große Macht und verlange Respekt. Wird er mir gegeben, kann ich jenen, die in Körper, Geist und Seele für die innere Entdeckungsreise bereit sind, von ungeheurer Hilfe sein. Die Nichteingeweihten jedoch sollten Vorsicht walten lassen, denn ich kann überwältigend sein für alle, die schlecht oder gar nicht vorbereitet sind. Sei vorsichtig und trete nur hin und wieder mit mir in Verbindung.«

MONDSTEIN

Erzengel: Haniel

Farben: Cremiges Weiß, Blau, Rosa und Gelb

Heileigenschaften: Dieser Stein des Neuanfangs ist ein Glücksbringer, der bei positiven Veränderungen hilft und Reisende beschützt.

Botschaft: »Mit meiner immer vorhandenen Mondenergie bin ich ein Glücksbringer für Frauen. Indem ich meine Freundinnen mit meiner Energie umgebe, intensiviere ich ihre Weiblichkeit und Schönheit. Ich nehme die Herzen jener gefangen, die mich anschauen, indem ich ein sanftes Gefühl der Sinnlichkeit und ein Verlangen nach Verbindung mit ihrem Seelengefährten wecke. Das Gleichgewicht zwischen männlichen und weiblichen Energie ist wesentlich, denn wenn du in Übereinstimmung mit den Yin- und Yang-Prinzipien lebst, bewegt sich der universelle Fluss ohne Unterbrechung, was zu beständiger Unterstützung führt sowie Erfahrungen und Menschen anzieht, die deine Lebensaufgabe und Ziele fördern. Wenn ich auch besonders den Einfluss weiblicher (nährender, erschaffender und liebender) Kraft verkörpere, so können doch alle Menschen, Männer als auch Frauen, diese Rolle ausleben; auf diese Weise ist meine Schwingung Ausdruck deiner unzähligen Möglichkeiten.«

OBSIDIAN

Erzengel: Jophiel, Michael und Raziel

Farben: Schwarz, Regenbogenfarben, Grün, Mahagoni, Graubraun, Goldglänzend und glitzernd wie Schneeflocken

Heileigenschaften: Der Obsidian ist der Schutzstein aus der Natur für empfindsame Menschen. Er löst Negativität und Schmerz auf und vertreibt unerwünschte Gefühle.

Botschaft: »Als Stein der Magier bin ich für jene ein Beschützer, die mich kennen. Fürchte dich nicht vor Negativität, denn ein Schutzschild umgibt dich, wann auch immer du mich herbeirufst. Bitte mich um Geleit, vor allem wenn du reist oder dich in großen Menschenansammlungen aufhältst, damit ich jegliche Energie vertreiben kann, die nicht zu dir passt oder die nicht aufrichtig ist. Es ist mir eine Ehre, dir zu einer friedlichen Reise zu verhelfen.«

Obsidian-Varianten

Regenbogen-Obsidian

Erzengel: Raziel

Farbe: Durchsichtiges Schwarz mit Andeutungen kreisförmigen Leuchtens, meistens in Schattierungen von Grau, Grün und Blau

Heileigenschaften: Dieses Mineral fördert das Verständnis der Gegenwart in Beziehung zur Vergangenheit und hilft Ihnen, alte Ansichten und Wertungen aufzugeben.

Botschaft: »Freue dich mit mir über die Farben des Regenbogens, deren Leuchten aus meiner Mitte strahlt. Schaue besonnen in mein Gesicht und genieße das erhebende Gefühl, das dich durchströmt, die einfachen Wunder neu entfachend und die Erinnerung an Freude zurückholend, die in deinen Kinderaugen glänzte.«

Schneeflocken-Obsidian

Erzengel: Raguel und Uriel

Farben: Schwarz mit Flecken weißer »Schneeflocken«

Heileigenschaften: Der Schneeflocken-Obsidian vermindert Angst und bringt Ihre Ausrichtung wieder ins Gleichgewicht, was positives Denken ermöglicht.

Botschaft: »Ich hüte in meinem Innern durch den starken Kontrast zwischen Schwarz und Weiß das Gleichgewicht zwischen Licht und Dunkel. Wenn du von Stress und Angst erfüllt bist, befolge meinen heilenden Rat, alle Gedanken loszulassen, die dir nicht dienlich sind, und sie mit Liebe und Führung der Engel zu ersetzen.«

* * *

ONYX

Erzengel: Haniel, Raguel und Raziel

Farben: Schwarz, Blau, Grün und Gelb

Heileigenschaften: Der Onyx verbessert Ihre Wahrnehmung von Visionen und Träumen. Er steigert Ihre Gelassenheit und Erdung und eignet sich daher besonders gut für diejenigen, die ihre Konzentrationsfähigkeit verbessern möchten.

Botschaft: »Lege mich beim Träumen unter dein Kopfkissen, und du wirst dich nach dem Erwachen an die Lehren in der Nacht erinnern und beginnen, sie sofort und friedlich in dein Leben zu integrieren. Ich stehe dir als stabilisierende Kraft zur Seite, um dein Selbstvertrauen zu stärken, wenn du darum bemüht bist, in der Unsicherheit des Lebens ein Gefühl des Gleichgewichts zu erlangen. Indem du lernst zu vertrauen, wird dir erneut eine Welt des Friedens offenbar, und deine Bereitschaft, Verletzlichkeit zu akzeptieren, führt zu einer besseren Verbundenheit mit anderen. Mit meiner Hilfe kannst du die zunehmende Sicherheit und die Konzentration festigen, die mit deiner Selbstakannahme einhergehen. Lass los und entspanne dich, denn ich werde dich führen.«

OPAL

Erzengel: Haniel, Metatron und Uriel

Farben: Eine schillernde Ansammlung von Regenbogenfarben: häufig Weiß, Orange, Schwarz, Blau, Rosa und Violett; sie können entweder klar oder milchig sein.

Heileigenschaften: Das Wesen dieses Steins ist Harmonie, welche seiner Fähigkeit entspringt, alle Ebenen Ihres Seins ins Gleichgewicht zu bringen.

Botschaft: »So veränderlich wie der Sand am Ufer des Meeres, bin ich Licht, das Licht reflektiert. Ich bringe dir Harmonie, ein Strahlen in all deine Seiten und Licht in die Dunkelheit (genau wie der Kreislauf des Tages vom Sonnen- zum Mondlicht führt), um die genaue Abstimmung von Denken und Tun zu gewährleisten. Wirst du dieses Geschenk annehmen? In meiner Gegenwart werden Gefühle intensiver, denn ich sehe deine Leidenschaft und verstärke das Ablegen versteckter Muster. Mein Einsatz löst karmische Bande auf und hat die Absicht, alte Wunden loszulassen. So, wie du die göttliche Kraft in deinem Innern annimmst, wird dein Leben zurückleuchten und von der sanften Kraft wahrer Liebe erfüllt sein. Beginne mit Selbstakzeptanz und Geduld, damit du die Verkörperung des Männlichen und Weiblichen in allem ins Gleichgewicht bringen kannst.«

PERIDOT

Erzengel: Raguel

Farben: Durchsichtiges Olivgrün und Gelb- bis Dunkelgrün

Heileigenschaften: Der Peridot ebnet den Weg, damit Ihr Herz wieder fühlen lernt. Außerdem hilft er beim Erreichen von Wohlbefinden in allen Lebensbereichen und unterstützt hervorragend den Aufbau ehrlicher und von Aufrichtigkeit gekennzeichneter Beziehungen.

Botschaft: »Eingebettet in vulkanische Ablagerungen in der Erdkruste, findet man mich zuweilen an den Stränden der Ozeane. Ich bin heute ruhiger als in vergangenen Zeiten, da die Ausrichtung der Welt heute anders ist als in den Tagen von Camelot. Heute bin ich Wächter der Hoffnung, Weisheit, Großzügigkeit, Fülle und des Mitgefühls. Du wirst mich am häufigsten fein poliert als Schmuckstein finden, eine sanfte Mahnung an deine eigenen Talente. Nimm mich mit und lade mich in meinem natürlichen Zustand in dein Haus ein. Ich teile göttliche Wunder und Schönheit mit dir, indem ich deine Umsetzungsfähigkeiten stärke und dich erkennen lasse, was dir am meisten am Herzen liegt. Gottes Segen für dich, geliebtes Wesen, auf deiner weiteren Reise.«

PERLE

Erzengel: Haniel

Farben:
Strahlendes Weiß,
Perlmuttfarben
und Grau-Schwarz

Heileigenschaften: Die Perle ist ein Symbol der Unversehrtheit, Reinheit und Anmut. Sie besitzt eine besondere Verbindung zu den Himmelsebenen, die Ihnen zugute kommen kann, und wirkt vortrefflich in Verbindung mit farbigen Steinen.

Botschaft: »Obwohl ich zunächst ein Störfaktor im innersten Kern eines Wesens bin, entwickle ich mich zu einem makellosen Bild von Schönheit und Transzendenz. Verhält es sich in deinem Leben nicht auch so? Zu Beginn die Ursache großen Schmerzes, kann ein Problem zu einer neuen Sichtweise oder einem besserem Selbst verhelfen, wenn du weißt, dass du bewusst die Entscheidung für Akzeptanz und Mitgefühl treffen kannst. Wie entscheidest du dich zu leben: mit Intensität, Hingabe und Liebe? Wenn dem so ist, dann trage mich als ein Symbol der Selbsterkenntnis, da ich ein Zeichen der Verbindung mit dem Göttlichen darstelle und emotionales Wachstum sowie Bereitwilligkeitsymbolisiere.«

PLATIN

Erzengel: Metatron und Raziel

Farbe: Metallisches Silbergrau bis Anthrazit

Heileigenschaften: Dieser hoch entwickelte Energieleiter überträgt Energie mit außerordentlicher Geschwindigkeit, er ist ganz besonders wirksam in Verbindung mit Diamanten.

Botschaft: »Ich habe Zugang zu den höchst schingenden Energiebahnen, die von den metallischen Erzen erzeugt werden. Mein hohes Tempo und meine intensive, pulsierende Energie begeistern jene, die in der Lage und bereit sind, sie anzunehmen. Wenn ich zusammen mit Edelsteinen zu Schmuck verarbeitet werde, webe ich ein magnetisches Gitter, das die übergeordnete Verbindung vertieft und einen neuen Weg zur Erlangung meditativen Bewusstseins und intuitiver Fähigkeiten bahnt. Es überrascht nicht, dass momentan ein erneuertes Interesse an mir besteht, daher wird es viele geben, die jetzt dem Ruf folgen, Lichtarbeiter zu werden, während ich die Brücke des Himmels zur Erde verlängere.«

PYRIT

Erzengel: Uriel

Farbe: Goldgelbe
Würfel, oft »fool's gold«
(deutsch: »Narrengold«
oder »Katzengold«) genannt

Heileigenschaften: Das Mineral hilft Ihnen bei der Schaffung materieller Fülle, in der Meditation verstärkt Pyrit mit seiner stabilisierenden Kraft Ihre Fähigkeit, Energien zu harmonisieren.

Botschaft: »Deine Brüder kannten mich von Anbeginn an, als ich der Menschheit den Funken des Feuers und das Geschenk der Reflektion verlieh. Ich erde dich mit Bewusstsein und Schutz; ich kläre deine Ausrichtung und zeige dir Fülle. Meine Form ist das göttliche Werk der Manifestation. Was wünschst du dir? Klarheit, Aktion und Vertrauen werden es in dein Leben bringen. Eingehüllt in meinen Schutzmantel, kannst du dich zwischen dem Sichtbaren und dem Unsichtbaren hin und her bewegen und Zugang zur Wahrheit finden. Gott unterstützt deine Suche und erfüllt all deine Bedürfnisse, denn das Universum ist ein Ort unendlicher Fülle.«

QUARZ (Klarer Kristallquarz - Bergkristall)

Erzengel: Ariel, Gabriel, Haniel, Michael, Raphael, Raziel und Sandalphon

Farben: Klar, Blau, Grün, Rosa, Graubraun und Orange
Heileigenschaften: Dieser Kristall bringt Wohltaten der unterschiedlichsten Art in Ihr Leben. Man glaubt, dass er Sterne in die Seele zaubert, das spirituelle Bewusstsein verbessert und Ihren Prozess des Erwachens intensiviert. Außerdem hat er die Fähigkeit, Energien zu harmonisieren.

Botschaft: »Als Alpha und Omega des Reichs der Mineralien, bin ich ohne Frage sein Herrscher. Von meinem Grund wird der Funke der verschiedenen Möglichkeiten ausgesandt, um mit der Entwicklung deiner inneren Einstimmung auf das Unsichtbare zu beginnen. Mein Schwingungsmuster dient als Ausgangspunkt, indem es anschauliche Beweise dafür liefert, dass die Umwandlung von Energie als Verstärker, Erzeuger, Empfänger und Mittel zur Reinigung funktioniert. Wenn du Zweifel hast, entscheide dich für mich, und ich werde als Wächter deiner Intention dienen, auf dass du die Gaben göttlicher Führung, Motivation und Klarheit empfangen kannst.«

Quarz-Varianten

Blauer Quarz

Erzengel: Gabriel und Sandalphon

Heileigenschaften: Dieses hilfreiche Instrument bei der Auseinandersetzung mit emotionalen Problemen ist zudem ein wirksames Reinigungsmittel zur Klärung Ihres direkten Umfeldes. Darüber hinaus unterstützt er harmonische Wechselwirkungen und Kommunikation.

Botschaft: »Ich gehe geduldig an deiner Seite, bereit, dir bei der Klärung zu helfen, damit du ohne zu zögern die Wahrheit zum Ausdruck bringen kannst. Liebevolles Dienen ist meine Botschaft: Wachse durch Worte und Taten über dich selbst hinaus, um deine Talente und Fähigkeiten für dein Wohl und das der anderen zu vervollkommnen und einzusetzen.«

Grüner Quarz

Erzengel: Gabriel

Heileigenschaften: Grüner Quarz inspiriert Kreativität, zieht Erfolg und Fülle an und fördert die intuitive Fähigkeit, die an Liebe gekoppelt ist.

Botschaft: »Nehme mich mit in dein Zuhause oder an deinen Arbeitsplatz, um größere Fülle, Kreativität und eine bessere Wahrnehmung zu erlangen. Die Verwirklichung von allem, was du erträumst, ist bereits vollendet. Intention und Gedanken beschleunigen dein Ja oder Nein, daher achte bei deiner Lebensgestaltung genau darauf. Ich werde dich geduldig dabei unterstützen.«

Orangenquarz

Erzengel: Gabriel

Farbe: Helles Orange

Heileigenschaften: Orangenquarz bringt Ihre Gefühle ins Gleichgewicht, beruhigt und besänftigt Sie, während er Ihre künstlerischen Fähigkeiten und Ihre Sensibilität für göttliche Inspiration verstärkt.

Botschaft: »Kreativität fließt durch mich hindurch, deinen sehnlichen Wunsch unterstützend, die Träume zu verwirklichen, die du so lange in deinem Herzen bewahrt hast. Gib mir einen Ehrenplatz in einem Raum, der die Kraft künstlerischen Ausdrucks wiedergibt, denn ob ich in deinem Büro, Garten, Studio oder in der Küche bin, ich werde dir stets helfen, deine Phantasie Realität werden zu lassen.«

Rauchquarz

Erzengel: Michael

Farben: Hellbraun oder Hellgrau (durchscheinend)

Heileigenschaften: Dieser so ausgezeichnete Meditationskristall erdet und zentriert Sie; er hilft, Ihre Ängste zu überwinden, und verbessert die Erinnerung an Ihre Träume.

Botschaft: »Stabilität während der Meditation ist der Schlüssel, und ich helfe dir, diese geerdete Haltung beizubehalten, während ich gleichzeitig dein energetisches Feld auf eine höhere Stufe anhebe. Wie ein Anker biete ich dir eine neue Methode des Loslassens von Angst, indem ich deine Glaubenssätze annehme und in wünschenswerte Ziele umprogrammiere.

Ich eigne mich ausgezeichnet zur Harmonisierung von männlicher und weiblicher Energien und für die Optimierung deiner Möglichkeiten auf dieser irdischen Ebene.«

Rosenquarz

Erzengel: Ariel

Farbe: Rosa

Heileigenschaften: Dieser rosafarbene Stein heilt das Herz, indem er Sie für die alles umfassende Liebe öffnet und Ihre Energie auf eine gesunde Eigenliebe richtet. Darüber hinaus fördert er inneren Frieden, Ruhe und Heilung.

Botschaft: »Ich bin das Wesen wahrer Liebe. Durch die Öffnung deines Herzchakras mit dem Ziel, dir zu bedingungsloser Selbstannahme zu verhelfen, heilen deine Wunden der Trauer und des Misstrauens, indem ich sie durch das Gefühl bedingungsloser Liebe ersetze, die vergibt. Ich erinnere dich daran, dass alle Menschen Freude und Kummer empfinden, solange sie in einem Körper auf diesem Planeten inkarniert sind, und dass diese Emotionen ein Geschenk sind. Die Arbeit mit mir fördert deine Selbstachtung und allgemeine Toleranz.

Trage mich mit Anmut, denn ich kann dir helfen, durch den sanften Schimmer meiner zarten Farbe und meine ruhende Empfänglichkeit, vereint mit weiblichen Stärke, einen neuen Liebespartner in dein Leben zu bringen.«

* * *

RHODOCHROSIT

Erzengel: Jeremiel, Metatron und Michael

Farben: Cremiges Rosa und Weiß

Heileigenschaften: Rhodochrosit hilft in Zeiten der Veränderung, indem er eine Verbindung zwischen Ihren höheren und niederen Chakren herstellt, was zu einer harmonischen, liebevollen Herangehensweise an alle Dinge des Lebens führt.

Botschaft: »Die menschliche Erfahrung ist ein Segen, faszinierend und aufregend, zuweilen herausfordernd. Sie ist angefüllt mit karmischen Begegnungen, individuellen Erwartungen und denen der Gesellschaft sowie komplexen Emotionen; doch ihr seid auch von tiefer Liebe, Freude und Leidenschaft umgeben. Indem du anfängst, in deiner inneren Mitte zu ruhen, komme ich zum Einsatz, aktiviere dein Herzchakra und verbinde deine niederen und höheren Energiezentren. Mit Konzentration und Intention ermögliche ich eine Veränderung, indem ich ein Band der Liebe erschaffe, das dich einhüllt und Ängste beseitigt. Ich erinnere dich daran, in Übereinstimmung mit deinen guten Vorsätzen an dein Leben heranzugehen, und dass deine Selbstachtung gebietet, in allen deinen Lebensbereichen aufrichtig zu handeln.«

RHODONIT

Erzengel: Metraton und Sandalphon

Farben: Cremiges Rosa und Schwarz

Heileigenschaften: Benutzen Sie diesen Kristall bei der Musiktherapie, um Töne bzw. Melodien zu intensivieren.

Außerdem ist dieser Stein gut für Herzangelegenheiten und hilft Ihnen alte Muster und Schmerz loszulassen.

Botschaft: »Ich bin zarter Klang, was mich zu einem ausgezeichneten Helfer bei Klangheilung oder in der Musiktherapie macht. Ein Teil meiner Aufgabe ist, im Klangraum der Komposition auf der irdischen Ebene Unterstützung anzubieten. Der Klangraum ist ein Tempel (der heute in der Astralebene steht), in dem Klänge zur Heilung verwendet werden, zusammen mit Farben und Kristallen, um die Schwingungsfrequenz zu erhöhen. Ich kann dir helfen, diese erhöhte Schwingung auf der Erde und in deinem physischen Körper zu verankern, damit du die in deiner Seele gespeicherte Heilinformationen wieder anzapfen kannst. Versuche, meine Schwingungs-Sequenzen durch Gesang miteinander zu verbinden, um deine Intention und Empfänglichkeit für alle Information zu steigern. Während ich dich auf deiner Reise begleite, fordere ich dich auf, alle Situationen und Beziehungen mit anderen Augen zu sehen, damit du wirklich erkennen kannst, worauf es ankommt, und damit dir deine bisherigen Glaubenssätze, Muster und Reaktionen klar werden. Deine Zeit ist gekommen, authentisch zu werden, wie es von Anfang an bestimmt war, daher lasse dich von deinem Herzen leiten und gehe deinen Weg sorglos und in Frieden.«

RUBIN

Erzengel: Jophiel und Michael

Farben: Rosa bis tiefes Blutrot

Heileigenschaften: Dieser Edelstein stärkt die Liebe, führt zum Erkennen Ihrer Herzensverbindungen und erlaubt Ihnen, gut mit sich selbst umzugehen, damit Ihnen Leidenschaft entgegengebracht wird.

Botschaft: »Mein Ruf gilt allen, die bereit sind mit Feuereifer und in Selbsterkenntnis ihren Weg zu gehen: Erhebe dich und komm zu mir, denn das Lebensblut der Kreativität und der Atem intensiver Bewegung pulsiert in uns beiden. Handle mit Intention und siehe, wie die Welt sich öffnet, wenn du dein Licht mit ihr teilst. Ich bin personifizierte Energie, ein Mitglied des königlichen Ordens der Aktivierung. Bitte mich, dir den richtigen Weg zu zeigen, und dann verbinde dich gedanklich mit mir, um dich mit Klarheit über deine Aufgabe durchdringen zu lassen. Verbinde dich mit mir mit Achtung vor der Kraft der umgesetzten Möglichkeiten. Wir existieren als Ganzes, nie getrennt, daher strecke die Hand nach mir aus, während du die Wahrheit hereinbittest, auf dass sie die Oberhand gewinnt.«

SANDROSE

Erzengel: Azrael, Jeremiel und Raguel

Farben: Braun, Beige, Weiß und Blassgelb

Heileigenschaften: Die Sandrose verstärkt ein Gefühl des Wohlbefindens und verdeutlicht Ihren einzigartigen persönlichen Wert im unendlichen Plan des Universums.

Botschaft: »Als zarte Blüte, aus Sand geboren, bin ich gekommen, um durch Schönheit Glück zu verbreiten und dich daran zu erinnern, dein eigenes Ich erblühen zu lassen. Jede Seele ist so einzigartig wie eine Schneeflocke, vollkommen in ihrer Komposition und ein liebevolles Geschenk des Schöpfers. Doch die größte Freude besteht in der Vereinigung, daher findet euch zu mehreren zusammen, um euch zu entspannen und einander euer Innerstes anzuvertrauen, während ihr den gemeinsamen Geist der Liebe in der Spiegelung erfahrt. Indem du ohne zu vergleichen die Einzigartigkeit akzeptierst, wirst du zu einem Spiegelbild der Liebe und trägst dazu bei, dass die Welt ein immer tieferes Verständnis für Gemeinsamkeit und gegenseitige Unterstützung entfaltet.«

SAPHIR

Erzengel: Michael und Raziel

Farben: Durchsichtiges Blau, Gelb, Grün, Schwarz und Violett

Heileigenschaften: Der Saphir klärt das Kreisen der Gedanken im Kopf, hilft mit organisatorischem Talent und verbessert Ihre intuitiven Fähigkeiten.

Botschaft: »Wie ein Stern vom Himmel auf die Erde gefallen, verbinde ich mich mit dir, um das Erwachen all deiner intuitiven Sinne einzuleiten. Vertraue mir, denn gemeinsam bringen wir deinen Geist zur Ruhe, sodass die Wahrheit vernommen werden kann. Trage mich bei dir, wenn die Momente der Unsicherheit zu überwiegen scheinen, und empfinde stattdessen Ruhe und Gelassenheit. Suchende finden den Weg ihrer inneren Aufgabe. Wenn das Herz spricht, werden die offenen Fragen beantwortet und große Klugheit zum Leuchten gebracht; die wahre Essenz jedes menschlichen Wesens. Mit Klarheit und Bewusstheit erhebt sich deine Seele, um deine Verantwortung gegenüber der Menschlichkeit mit Freude zu erfüllen.«

SELENIT

Erzengel: Haniel und Michael

Farben: Klar, Orange, Rot, Braun und Grünblau

Heileigenschaften: Der Selenit ermöglicht den Zugang zu Informationen von den Pleiaden. Außerdem hilft er, Negativität und Ängste zu heilen, und besitzt die Fähigkeit, zu reinigen und Energien in Einklang zu bringen.

Botschaft: »Verehrer der Mondgöttin, ich bestehe aus Schichten von kosmischem Wissen. Von weit her angereist, um in diesen Zeiten des sich verändernden Bewusstseins bei euch zu sein, bewahre ich in meinem Innern das instinktive Wissen der Sternenmenschen. Mein Gewicht in deiner Hand ist dir so vertraut wie das Schwert, das einst das Tor des Himmels verteidigte, als Michael sein Wächter war, daher findet ihr in meiner Gegenwart stets Sicherheit, Vertrauen und Frieden. Im gemeinsamen Rhythmus können wir die Umgebung und Einzelwesen von negativen Energieablagerungen reinigen. Wenn ihr aus dem Gleichgewicht geraten seid, versammelt euch und stellt euch vor, dass die Schnüre und Fäden durchtrennter Verbindungen jetzt in Harmonie und mit Liebe erfüllt sind.«

SILBER

Erzengel: Haniel

Farbe: Metallisches Grau

Heileigenschaften:
Die weibliche, empfängliche Energie des Silbers verbindet sich sanft mit Edelsteinen und Kristallen, um deren Eigenschaften zu verstärken.

Botschaft: »Mit dem Leuchten des Mondes und das Antlitz der Muttergöttin widerspiegelnd, halte ich die ungehemmte Kraft ihrer Weisheit in meinem Innern. Wenn ich Kontakt mit einem anderen Wesen aus dem Reich der Mineralien aufnehme, bringe ich dessen Wesensmerkmal zu seiner größten Wirkung. Es ist meine Aufgabe, die Annahme, weibliche Kraft sei schwächer als männliche, zu beseitigen - vielmehr ist sie anderer Natur und muss als solche in jedem von uns gewürdigt werden. Wird dieser Unterschied zu Nutzen gebracht, wird es der Welt mehr Beständigkeit bringen und eine Rückkehr zu friedlichem Miteinander ermöglichen.«

SMARAGD

Erzengel: Haniel, Jophiel, Raziel und Raphael

Heileigenschaften:
Der Smaragd ist ein Stein des Herzens, der sich vorzüglich für die Traumarbeit und Meditation eignet, da er die Spiritualität und das Bewusstsein vertieft. Darüber hinaus eignet er sich wunderbar für jede Art von Heilung.

Botschaft: »Mit königlicher Haltung übernehme ich die ehrenvolle Aufgabe, die mir von himmlischer Hand übertragen wurde, und beschütze das Wesen deines Herzens, das göttliche Liebe ist. Mit mir zu arbeiten erfordert deine volle Aufmerksamkeit und Klarheit, da ich mit göttlicher Geschwindigkeit arbeite und sich unsere Energien vom Gedanken bis zur Umsetzung vereinen, um das bestmögliche Resultat zu erzielen. Sei dir darüber bewusst, dass dein Leben das Gewand universeller Anmut und Gnade trägt, während ich dich dazu veranlasse, auf den höchsten Ebenen deines Seins zu handeln und dafür sorge, dass dein Weg von den Strahlen der Liebe erleuchtet wird. Was immer was du brauchst und dir wünschst, ist dein, wenn du dich auf das Dienen konzentrierst – denn wenn du mit Großzügigkeit reagierst, wirst du in allen Dingen des Lebens Gutes empfangen. Auf ähnliche Weise vergrößere ich in den Händen des Heilers das ihm zugängliche Wissen und sende besonders wirkungsvolle grüne Strahlen aus, um ein gebrochenes Herz zu heilen.«

SODALITH

Erzengel: Gabriel, Raphael und Zadkiel

Farbe: Dunkelblau mit weißen Adern

Heileigenschaften: Dieser Stein hilft Ihnen dabei, sich von Kontrollzwang zu lösen. Zudem ist er ein ausgezeichneter Stein für die Belange des dritten Auges, der Ihre außersinnliche Wahrnehmung stärkt.

Botschaft: »Ich verstehe, was es mit Süchten auf sich hat und den Verlauf, den sie im Leben eines Menschen nehmen können. Nur eine ehrliche Betrachtung und absolute Offenheit mit sich selbst und anderen kann den Teufelskreislauf beenden, denn Kommunikation ist die Basis der Transformation. Deine Fähigkeit, für andere da zu sein und ihnen zu leuchten, um ihnen beizustehen, wird sich verbessern, wenn du mutig voranschreitest. Ich bin hier, um dich bei diesem Prozess des Sichöffnens und Verletzbarmachens zu unterstützen. Lass deine Angst los, indem du

Worte in Schrift oder Sprache findest, die dich auf deiner Reise führen, und arbeite mit mir an deiner Seite. Muster werden durch stetige Geduld und Selbstliebe aufgelöst, daher lass jegliche Kontrolle los und akzeptiere Hilfe von denen, die dich in allen Dimensionen umgeben. Du bist in Sicherheit, und die Mauern, die du einst zu deinem Schutz errichtet hast, werden abgebaut, sodass all deine Sinne gestärkt und erneuert werden.«

SUGILITH

Erzengel: Michael

Farbe: Violett mit einem Hauch von Schwarz

Heileigenschaften:
Der Sugilith verstärkt die Aktivität Ihrer Zirbeldrüse und Hypophyse, um die Verbindung des physischen mit dem Astralleib zu ermöglichen.

Botschaft: »Als Channel-Aktivierer sende ich Botschaften zu und durch Wesen hindurch, und wenn du einverstanden bist, am Austausch mit dem Göttlichen teilzunehmen, wirst du in Kontakt mit aufgestiegenen Meistern treten. Niemand kann dich zwingen, die Gelegenheit zu ergreifen, über deine Grenzen hinauszuwachsen, da der Dienst ein

Sprachrohr für die Stimmen aus anderen Dimensionen zu sein, nur freiwillig übernommen werden kann. Wenn du einverstanden bist, eröffnet dir die Arbeit mit mir Bereiche, die einst als ›clairs‹ (Hellsichtigkeit) bezeichnet wurden, und intensiviert sie, was dazu führt, dass dich mehr Botschaften erreichen. Meistens arbeite ich mit jenen, die bereits im Rahmen ihrer Lichtarbeit dienen, und unterstütze ihre Bemühungen, indem ich alle Körperfunktionen auf optimale Leistung einstelle.«

TIGERAUGE

Erzengel: Michael und Uriel

Farben: Gold und Rot

Heilbotschaften:
Dieser Stein intensiviert Ihre Verbindung mit Ihrer Urkraft und stärkt Ihre Entscheidungsfähigkeit. Darüber hinaus verbessert er Ihre Einsichten, löst Starrsinn auf und fördert Ihr Selbstvertrauen.

Botschaft: »Als goldene Strahlen, in physischer Form gefangen, bringe ich die Möglichkeiten ans Licht, die dir durch Vertrauen in dich Selbst und in das Universum geboten werden. Du gehst deinen Weg wie selbstverständlich, wenn ich an deiner Seite bin; in mir findest du die Freude über vollbrachte Leistung durch deine Überzeugungskraft, deine stete Ausrichtung und deine klare Vorstellung. Ich bin betonte männliche Energie für alle, die sich danach sehnen, zu ihren Überzeugungen stehen zu können und der Welt ihre Wahrheit zu offenbaren, während sie ihre einzigartigen Talente zum Nutzen aller einsetzen. Mit meiner goldenen Form arbeite ich direkt mit an Sakral- und Solarplexuschakra, indem ich Kraft und Stabilität schenke sowie eine bessere Selbstachtung und Einstellung fördere.«

Tigeraugen-Variante

Rotes Tigerauge

Erzengel: Gabriel

Heileigenschaften: Diese Tigeraugen-Variante stärkt Ihr Selbstvertrauen, indem es Ihre innere Weisheit und Führung anzapft, was ihn zu dem geeignetet Stein für öffentliche Reden macht.

Botschaft: »Ich bin dem Organisator, Lehrer und öffentlichen Redner ein guter Freund, da ich alle Kanäle der Kommunikation benutze und deine innere Weisheit und vollendetes Selbstvertrauen miteinander verbinde. Ich sorge für einen problemlosen Ideenaustausch und das Hinterfragen von Glaubenssätzen, während ich gleichzeitig ein waches Verständnis und Mitgefühl fördere, besonders in der Gruppenarbeit.«

* * *

TOPAS

Erzengel: Chamuel, Gabriel, Jophiel, Michael und Raziel

Farben: Blau, Rosa, Gold und Klar (Weiß)

Heileigenschaften: Dieser Meisterstein schwingt auf einer höheren Ebene, die allen, deren Herz offen dafür ist, mit hoher Geschwindigkeit Botschaften und Heilung bringt.

Botschaft: »In leidenschaftlicher Umarmung tritt mein Stamm zu euch, um ein Teil eurer Geschichte zu werden. Wir sind als kostbare Geschenke zwischen Liebenden, als Schmuck der Könige, Talismane und Heilwerkzeuge durch die Annalen der Geschichte gereist, und der Zeitpunkt ist gekommen, wo wir erneut wirken werden. Wir freuen uns auf die Gelegenheit, zusammen mit euch tätig sein zu können und die planetare Schwingung durch unsere Beeinflussung zu erhöhen.«

Topas-Varianten

Blauer Topas

Erzengel: Gabriel

Heileigenschaften:
Als Stein der Schriftsteller und aller, die mit dem Wort und Schrift zu tun haben, hilft Ihnen der Topas, aus der Herzmitte heraus zu sprechen, da er Ihre Kreativität mit Ihrer Lebensaufgabe Einklang bringt.

Botschaft: »Schriftsteller und Dichter kennen meine brillante Redegewandtheit, da ich ihnen die Gabe flüssiger Sprache vermittle - vergleichbar mit den Flüssen, die sich im Meer ergießen. Eine kleine Quelle der Gedanken wird zu einer Sturzflut von Ideen, die neues Verständnis schafft und philosophische Ansichten gedeihen läßt.«

Goldtopas (Topas Imperial)

Erzengel: Michael

Heileigenschaften: Dieser fröhliche Edelstein tut sich mit Ihnen zusammen, um Reichtum, Wohlbefinden und Liebe anzuziehen; überdies hilft er Ihnen, Ihr Kronenchakra vollständig für den Kontakt mit dem Kosmos zu öffnen.

Botschaft: »Als Meister des Selbstvertrauens aktiviere ich deinen Solarplexus, auf dass du innere Stärke verbunden mit Aufrichtigkeit und Ehre ausstrahlst. Gern helfe ich dir bei der Schaffung von Fülle in allen Bereichen deines Lebens. Trage mich, wenn du einen energetischen Auftrieb brauchst, und du wirst erfüllt von Hoffnung und neuer Begeisterung fürs Leben.«

Rosa Topas

Erzengel: Chamuel und Jophiel

Heileigenschaften: Dieses Aphrodisiakum zieht Liebe auf vielen Ebenen an, und als Stein des Herzchakras verstärkt er Ihre Fähigkeit, bedingungslos für andere da zu sein.

Botschaft: »Die leidenschaftliche Natur der Liebe korrespondiert mit der Schönheit meiner Farbe, die ein seltenes Geschenk ist und geschätzt werden sollte. Ich bin ein Vertrauter für alle, die von ganzem Herzen ihrem Seelengefährten begegnen möchten und ihn annehmen.«

Weisser Topas

Erzengel: Raziel

Heileigenschaften: Der weiße Topas erhöht Ihre Schwingungsebenen, klärt alte Energie und verstärkt Ihre Gefühl der Verbindung mit dem Göttlichen.

Botschaft: »Verbinde dich mit mir, um festgefahrene Energiemuster zu beseitigen, einschließlich derer aus vergangenen Leben, und gemeinsam werden wir sie mit gezielter Absicht auslöschen. Bitte um die Hilfe der himmlischen Wesen, um dich von der unglückseligen Fortsetzung alter Glaubenssätze zu befreien; vielleicht wirst du dann den himmlischen Freudengesang über deine neu gewonnene Freiheit vernehmen.«

* * *

TÜRKIS

Erzengel: Sandalphon

Farben: Blau, Grün und Türkis, häufig mit schwarzen Adern oder Farbschattierungen

Heileigenschaften: Der Türkis verbindet die Energie des Himmels und der Erde. Dieser Stein der Schamanen heilt die Seele; darüber hinaus schenkt er Weisheit, Vertrauen und Sanftmut.

Botschaft: »Man kennt mich überall auf der Welt als der Stein der Schamanen. Die segensreiche Verbindung von Wasser und Himmel bringend, spiegele ich gleichzeitig die Schönheit und Fülle des irdischen Lebens wider. Ich verkörpere die Einheit von Himmel und Erde, die Quelle heilender Weisheit fließt durch meine Adern. Verwende mich, um der Wahrheit mit Worten Ausdruck zu verleihen, dein Herz zu heilen, deine Seele zu befreien und ohne Angst auf deinem Weg voranzugehen. Bitte um Kraft und Führung, denn die Ahnen werden dein Rufen erhören und dir im Rhythmus deines Wesens antworten. Lass dich nun in die Stille deines Innersten fallen und erlaube deiner Heilung, zu beginnen.«

TURMALIN

Erzengel: Azrael, Chamuel, Gabriel, Metatron, Michael und Raphael

Farben: Schwarz, Grün, Rosa, Wassermelone, Rot, Gelb und Blau

Heileigenschaften: Dieser bedeutende Stamm der Heilsteine lenkt Energien nach eigenem Ermessen. In Verbindung mit anderen Steinen läßt der Turmalin eine Chakrabrücke spiritueller Weite entstehen.

Botschaft: »Als eine Familie von Heilern, in einzigartiger Weise mächtig und außergewöhnlich in Kombination, bieten wir ein breites Spektrum von Möglichkeiten zur Unterstützung der Entwicklung und Erreichung höherer Ebenen an. Bewahre uns dicht auf deiner Haut, denn unsere Schwingung in Ringen und Anhängern verleiht deiner Lichtarbeit Schönheit und Kraft. Wir arbeiten besonders gern mit jenen, die offen sind für die Sternenwesen, die eine neue Art der Medizin in diese Welt bringen. Jede für sich machtvoll, transzendiert jede unserer Farben Blockaden von Glaubenssätzen und fördert Verständnis, was in einer Veränderung des Bewusstseins mündet. Wenn wir bei der Verbindung von Chakras benutzt werden, treten tiefgreifende Ereignisse ein, die die dynamischen Kräfte der Einheit und heilsamer Veränderung verstärken.«

Turmalin-Varianten

Grüner Turmalin

Erzengel: Azrael und Raphael

Heileigenschaften: Wie ein Verjüngungsmittel beseitigt der grüne Turmalin die Blockaden in Ihrem Herzchakra, damit Sie wieder voller Freude und Begeisterung am Leben teilhaben können.

Botschaft: »Ich bin ein Schlüssel zum Herzen und eine Oase der Erquickung für deine Seele. Trinke mittels Meditation und Kontemplation in großen Zügen meinen strömenden Nektar der Stärkung und heilenden Natur, damit ich dir helfen kann, deine Ängste zu beruhigen und in deinem Herzen die neue Freude zu entfachen.«

Rosa Turmalin

Erzengel: Chamuel und Jophiel

Heileigenschaften: Als weiblicher Stein der Harmonisierung hilft Ihnen dieser Kristall, Hingabe zu akzeptieren und universelle Gaben zu empfangen.

Botschaft: »Rufe mich herbei, wenn du Liebe suchst, denn ich öffne dein Herz, um Ausdruck und Gefühle zu befreien, alte Wunden zu heilen und alles loszulassen, was dich an überholte Muster bindet. In meiner Gegenwart spürst du das ansteckende Gefühl der Begeisterung.«

Schwarzer Turmalin

Erzengel: Gabriel und Michael

Heileigenschaften: Dieser Stein eignet sich ausgezeichnet zur Auflösung von Negativität in allen Formen, vor allen Dingen die elektromagnetische Strahlung, die von Mobiltelefonen und Computern ausgeht. Außerdem verbindet er Sachlichkeit mit Kreativität, um Ihnen zu helfen, Ihre Ziele besser zu erreichen.

Botschaft: »Ein Schild magnetischen Schutzes hüllt dich ein, wenn ich in deiner Nähe bin, daher nimm mich mit in deine Arbeitsumgebung, damit ich dich leiten und um dich kümmern kann, und lege mich in die Nähe deines Computers, um Stress abzubauen.«

WASSERMELONEN-TURMALIN

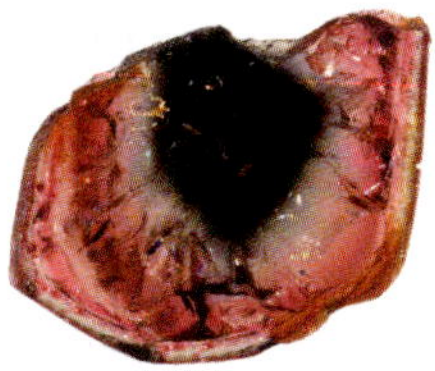

Erzengel: Metatron

Farben: Rosa und Grün

Heileigenschaften: Dieser Stein verbindet Mitgefühl mit Begeisterung, um auf den physischen und spirituellen Ebenen Liebe entstehen zu lassen.

Botschaft: »Indem ich all jenen die Freuden der Liebe auf vielfältige Weise bringe, die meinen Ruf vernehmen, aktiviere ich ihr Herzchakra mit Kraft und beschleunige es. Meine wunderbare Gabe spiegelt göttliche Liebe durch Partner, Freunde, Familie und geliebte Menschen wider.«

* * *

ZINNOBER

Erzengel: Ariel und Raguel

Farbe: Rot

Heileigenschaften: Oft als Stein der Kaufleute bezeichnet, hilft Zinnober beim Zustandekommen profitabler Geschäftsabschlüsse, wobei er gleichzeitig ein Gespür für Reichtum schafft.

Botschaft: »Kraftvoll strahlend in den Grenzen meiner schwarzweißen Matrix, leuchtet dir ein herrlicher Farbton von lebendigem Rot entgegen. Kaufleute und Händler haben seit Jahrhunderten einen unvergleichlichen Verbündeten des Wohlstandes in mir erkannt, und ich war überall auf der Welt als Wächter der Schatztruhen bekannt, habe die Energie gereinigt und erfolgreich dem ewig währenden Fluss des Reichtums Einlass gewährt. Ich blicke auf eine Geschichte anregender Ideen, Kreativität und Taten zurück in der Absicht, Berufe hervorzubringen, die der Leidenschaft des Tatmenschen entspringen. Indem ich Genialität und Einfallsreichtum bei der Entwicklung unternehmerischer Begabung fördere, helfe ich dir, Probleme zu lösen und nutzbringende Beziehungen aufzubauen. Bitte mich, mit dir zusammenzuarbeiten, und gemeinsam werden wir einengende Glaubenssätze auflösen und dauerhaften Wohlstand bewirken.«

Kristalldiagramme

Sternzeichen und mit ihnen assoziierte Steine

SONNEN-ZEICHEN	GEBURTS-DATUM	STEIN-ASSOZIATION
Widder	21.03. - 19.04.	Amethyst, Jaspis
Stier	20.04. - 20.05.	Smaragd, Karneol
Zwillinge	21.05. - 21.06.	Aquamarin
Krebs	22.06. - 22.07.	Perle, Mondstein
Löwe	23.07. - 22.08.	Rubin, Jade, Diamant
Jungfrau	23.08. - 22.09.	Turmalin, Beryll
Waage	23.09. - 23.10.	Saphir, Opal
Skorpion	24.10. - 21.11.	Achat, Malachit
Schütze	22.11. - 21.12.	Lapislazuli, Topas
Steinbock	22.12. - 19.01.	Türkis, Granat
Wassermann	20.01. - 18.02.	Onyx, Bergkristall
Fische	19.02. - 20.03.	Koralle, Bernstein

Geburtsmonate und die ihnen zugeordneten Steine

Geburtsmonat	Stein
Januar	Granat
Februar	Amethyst
März	Aquamarin
April	Diamant
Mai	Smaragd
Juni	Perle
Juli	Rubin
August	Peridot
September	Saphir
Oktober	Opal
November	Topas
Dezember	Türkis

Chakrasteine

Name des Chakras: Wurzelchakra
Ziel: Überleben, Sicherheit und Erdung
Ort: Basis der Wirbelsäule
Farben: Rot, Schwarz
Außersinnliches Ziel: Räumliche Intuition
Steine: Granat, Rubin, roter Jaspis, schwarzer Turmalin, Rauchquarz

Name des Chakras: Sakralchakra
Ziel: Kreativität, Sinnlichkeit, Intimität und Gesundheit
Ort: Untere Bauchgegend (unterhalb des Nabels)
Farbe: Orange
Außersinnliches Ziel: Gleichgewicht
Steine: Bernstein, Citrin, Karneol, Orangen-Calcit, Topas

Name des Chakras: Solarplexuschakra
Ziel: Selbstvertrauen, Macht und emotionale Stabilität
Ort: Magengegend
Farbe: Gelb
Außersinnliches Ziel: Heilung und Lehrkraft
Steine: Goldtopas, Tigerauge, Citrin

Name des Chakras: Herzchakra
Ziel: Mitgefühl, bedingungslose Liebe und Einfühlungsvermögen
Ort: Brustmitte

Farben: Rosa, Grün
Außersinnliches Ziel: Hellfühlen und Intuition
Steine: Rosenquarz, Aventurin, Kunzit, Smaragd

Name des Chakras: Kehlchakra
Ziel: Kommunikation, Ehrlichkeit in verbalem Ausdruck, Spontanietät
Ort: Kehle/Hals
Farbe: Hellblau
Außersinnliches Ziel: Ausdruck
Steine: Aquamarin, Chrysokoll, Lapislazuli, Sodalith, Türkis

Name des Chakras: Drittes Auge
Ziel: Intuition, Klarheit, Urteilskraft
Ort: Stirnmitte
Farbe: Dunkelblau, Indigoblau
Außersinnliches Ziel: Hellsichtigkeit
Steine: Amethyst, blauer Calcit, Lapislazuli

Name des Chakras: Ohrchakra
Ziel: Hören und Zuhören
Ort: Oberhalb der Augenbrauen
Farbe: Purpurrot
Außersinnliches Ziel: Hellhörigkeit
Steine: Gerillter Quarz, rosa Turmalin

Name des Chakras: Kronenchakra
Ziel: Höheres Selbst und Spiritualität
Ort: Scheitel

Farben: Weiß, Königspurpur
Außersinnliches Ziel: Hellwissen
Steine: Amethyst, Charoit, Bergkristall, Selenit, Sugilith

* * *

Feng Shui-Kristalle und Steine

Häusliche Harmonie ist ein Eckpfeiler persönlichen Friedens - und Feng Shui, die alt-chinesische Lehre des rechten Ortes, ist auf die Optimierung des Chi (Energie) im eigenen Heim ausgerichtet. Durch die Anwendung dieser harmoniefördernden Prinzipien in Verbindung mit Kristallen können Sie ein wunderbares Umfeld schaffen, in dem Sie und Ihre Lieben sich entspannen und neue Energie tanken können, während die Platzierung der Steine und Kristalle entsprechend unseren Vorschlägen den jeweiligen Bereichen Ihres Lebens zusätzliche Heil- und Manifestationsenergie bringt.

Hier sind die einzelnen Bereiche der Feng-Shui-Bagua-Karte

LEBENSBEREICH	ORT	STEIN
Hilfreiche Menschen/Reisen	Vorne rechts	Mondstein
Beruf/Karriere	Vordere Mitte	Schwarzer Turmalin

Lebensbereich	Ort	Stein
Fertigkeiten und Wissen	Vorne links	Lapislazuli
Fülle	Hinten links	Amethyst
Ruhm/Ruf	Hintere Mitte	Granat
Beziehungen/Liebe	Hinten rechts	Rosenquarz
Kreativität/Kinder	Rechte Mitte	Bergkristall
Familie	Linke Mitte	Grüne Jade
Gesundheit/ Harmonie	Mitte	Citrin

* * *

Auflistung der Steine und ihrer Eigenschaften

Achat: Stärkt Ihren Geist und Körper; hilft Ihnen, Wahrheit zu erkennen; kraftvoller Heilstein, wenn in Verbindung mit dem Chakrafarbensystem angewandt.

Blauer Spitzen-Achat: Schenkt Ruhe; schafft ein Gefühl der Selbsterkenntnis, das in Zeiten von Stress zur Aufrechterhaltung des Gleichgewichts beiträgt.

Botswana-Achat: Heitere Bewegungen von Blau und Grau helfen, Ihre Nerven zu beruhigen, Depression aufzulösen und Ihr Ziel auf den Dienst am Nächsten auszurichten.

Feuer-Achat: Stein der Astrologen; verstärkt Ihr Gefühl der Sicherheit und der Geborgenheit.

Grüner Moos-Achat: Verkörperung der Natur; stellt eine sofortige Verbindung mit der Welt der Natur her, wenn er als Handstein benutzt wird; besonders gut für Vertreter des Elementarreichs geeignet.

Verrückter Spitzen-Achat: Ausgezeichnetes Werkzeug zur Wiedervereinigung mit Mutter Erde; schenkt ein Gefühl des Geerdetseins, wenn viele Dinge auf einmal Ihre Aufmerksamkeit verlangen.

Amethyst: Beruhigendes, schützendes Juwel; ausgezeichnetes Meditationsinstrument; beschleunigt die Entwicklung Ihrer außersinnlichen Fähigkeiten.

Angelit: Beseitigt Ängste mit seiner beruhigenden Energie; verstärkt Glaube und Gelassenheit; sehr gutes Hilfsmittel für Astralreisen und Kommunikation mit den Engeln.

Apophyllit: Verbessert Hellsichtigkeit und hilft bei außerkörperlichen Reisen; exzellenter Meditationsstein; stellt die Verbindung mit der Energie der Engel her und verbessert die Traumerinnerung.

Aquamarin: Bringt Ihre emotionalen, mentalen und physischen Wesensmerkmale ins Gleichgewicht; fördert Bewusstsein und Integration universeller Wahrheiten.

Aventurin: Heilt Herzschmerzen, beschleunigt die Harmonisierung der Yin- und Yang-Energien in Ihrem Innern.

Azurit: Transformationsstein, der mit Kreativität, Intuition und Inspiration verbunden ist; löst Illusionen auf.

Azurit-Malachit: Vereint die kraftvollen Eigenschaften dieser beiden Mineralien, um neue Energie freizusetzen; verhilft zu Konzentration auf Ihre ureigene Kraft und reduziert gleichzeitig Stress.

Bernstein: Altes Manifestationsinstrument; benutzen Sie es mit der Absicht, Ihre Ziele zu erreichen.

Calcit: Symbol der verkörperten Natur; idealer Partner für manifestierte Elementarwesen oder jene, die mit dieser Ebene Kontakt aufnehmen wollen; schafft eine sofortige Verbindung mit der Welt der Natur, wenn er als Handstein benutzt wird.

Blauer Calcit: Lindert Gelenkschmerzen und enthüllt die verborgenen Ursachen von Unbehagen.

Brauner Calcit: Fungiert als Stabilisator, wenn Sie sich mit einander widersprechenden Prioritäten konfrontiert sehen; eignet sich wunderbar für Eltern und Geschäftsleute.

Cremefarbener Calcit: Unterstützt bei Astralreisen; bringt seelische Harmonie; erzeugt ein Gefühl der Leichtigkeit und Unbeschwertheit.

Grauer Calcit: Verhilft beim Erkennen Ihrer persönlichen Kraft; entwickelt klare Gedanken bei der Entscheidungsfindung.

Grüner Calcit: Ausgezeichneter Heiler für den physischen Körper; bringt mit Leichtigkeit und Harmonie den Fluss göttlicher Kraft in Ihr Leben.

Honig-Calcit: Hilft, Giftstoffe zu beseitigen und stimmt Ihren Körper auf optimales Wohlbefinden ein.

Orangen-Calcit: Schenkt ein neues Bewusstsein und Anerkennung des kreativen Ausdrucks; ermahnt Sie, Ihre eigenen Fähigkeiten voll anzunehmen.

Rosa Calcit: Klärt Ihr Herzchakra und bringt es wieder ins Gleichgewicht, um Ihre Eigenliebe zu stärken; erweitert Ihre allgemeine Fähigkeit zu Mitgefühl.

Celestit: Unterstützt bei der Entwicklung auf höhere Ebenen des Bewusstseins; dient als Kommunikationswerkzeug für die Verbindung mit den Engeln; erweitert das Wissen über Ihre innere Wahrheit.

Charoit: Stein des dritten Auges; verbessert Ihre außersinnliche Wahrnehmung und Fähigkeiten; Katalysator für die Aufdeckung und Heilung verborgener Ängste.

Chrysanthemum: Stein der Veränderung; fördert Einheit durch Spaß und Unbefangenheit; beseitigt Beschränkungen und hilft Ihnen, sich auf den Weg zur Verwirklichung Ihrer Ziele zu machen oder ihn beizubehalten.

Chrysokoll: Harmonisiert Ihr Herzchakra, was zu Stabilität und Bewusstheit über Ihre Emotionen führt; bringt die Heilenergie universeller Liebe in Ihre persönlichen Erfahrungen.

Chrysokoll-Malachit: Ausgezeichnet für alle geschäftlichen Angelegenheiten; erleichtert den Zugang zu allen Arten der Fülle; vergrößert die Liebesfähigkeit; hilft, Grenzen zu überwinden.

Chrysopras: Ein leichter, fröhlicher Kristall, der persönliche Probleme heilen hilft; eignet sich durch seine beruhigende, heilende Energie vorzüglich zur Auflösung von Trauer.

Citrin: Ein Instrument zur optimalen Ausrichtung von Kraft, das mit Ihrem höheren Selbst arbeitet, um alte Muster zu heilen; erhöht Ihre Selbstachtung und zieht Fülle an.

Danburit: Stein der Schamanen; klare, reine, intensive Energie, die durch Freude Grenzen und Hindernisse beseitigt; kraftvolles Heilwerkzeug, am besten in Verbindung mit anderen Kristallen anzuwenden.

Diamant: Reflektiert alle Farben des Regenbogens (und des Chakrasystems); channelt Klarheit, Hingabe und Kommunikation; vergrößert Wohlstand, Liebe und Spiritualität, während er gleichzeitig den Blick auf die persönliche Lebensaufgabe lenkt.

Dioptas: Verbessert die Harmonie in allen Bereichen des Lebens, während Sie an Ihrer persönlichen Lebensaufgabe arbeiten; kraftvoller Heiler.

Fluorit: Ermöglicht den Zugang zum Unterbewußten und spirituellem Wachstum; erdet Energie und verbessert Ihre Zielsetzung; kraftvolles Werkzeug zur Wiederherstellung von Gesundheit und Lebensfreude.

Gold: Allheilmittel; stabilisiert, reinigt, harmonisiert, indem es die männliche Energie des Tat in die Welt trägt; wird mit Fülle und Wohlbefinden assoziiert.

Granat: Regt Leidenschaft, Kreativität und Zielgerichtetheit an, hilft bei der Heilung von Erkrankungen des Blutes.

Hämatit: Verstärkt Ihre persönliche Anziehungskraft, Willenskraft, Ihren Optimismus und Mut; stärkt Ihren physischen und Ätherleib; fungiert als Erdungsinstrument.

Jade: Stein des Wohlstandes, der außerdem bei Heilungen hilft: unterstützt bei der Erinnerung an vergangene Inkarnationen und eröffnet den Zugang zu alter Weisheit, besonders bei den asiatischen Bräuchen.

Jaspis: Farbige Steinfamilie, die auf Ihre Chakren einwirkt, um sie ins Gleichgewicht zu bringen, neu auszurichten und zu heilen; sanfte Energie fördert und verbessert organisatorische Fähigkeiten und beschleunigt die Beendigung von Projekten.

Ozean-Jaspis: Verkörpert die das Herz heilenden Eigenschaften der Farben Rosa und Grün; die kreisförmige Maserung förder einen regelmäßigen Atemrhythmus und einen harmonischen Energiefluß.

Picasso-Jaspis: Bester Gefährte, um die heilende Kräfte der Natur ins eigene Heim zu bringen; erinnert regelmäßig zu meditieren.

Karneol: Erzeugt Harmonie zwischen Ihrer geistigen Ausrichtung und Ihren kreativen Ideen und ermöglicht auf diese Weise die Umsetzung Ihrer Vorstellungen; wunderbarer Handstein für Künstler.

Koralle: Ein kostbares Geschenk, das die Heilung unserer Knochenstruktur unterstützt und emotionale Trauer auflöst.

Kunzit: Öffnet Ihr Herz für die Liebe; hilft beim Aufbau einer harmonischen Partnerschaft; fördert den Frieden auf der Erde, indem er individuelle Gefühle der Abgetrenntheit sowie Stress reduziert.

Kupfer: Außergewöhnlich hilfreich bei der Linderung von Gelenkschmerzen; steigert Selbstachtung und Selbstbewusstsein; emotionale Abgrenzung.

Kyanit: Verhilft Ihnen erneut zu kindlicher Begeisterung und Optimismus; steigert Ihre Fähigkeit, vertrauensvoll aus Ihrem Inneren heraus zu sprechen; ermöglicht die Erfahrung von Lebensfreude.

Labradorit: Repräsentiert das Sternenzelt, hilft beim Erkennen Ihrer Lebensaufgabe, klärt Ihre inneres Verständnis.

Lapislazuli: Öffnet Ihr drittes Auge und erweitert Ihre Sinne, verbindet Ihr Herz mit dem Kopf, um Harmonie und Gegenseitigkeit in Ihren Beziehungen herzustellen.

Larimar: Sanfte, unschuldige Energie, die an ein Einhorn erinnert; löst durch seine beruhigende Energie Depressionen auf.

Lemuria-Quarz: Seltener, kraftvoller Kristall, der Ihnen alte Informationen aus längst vergangenen Zivilisationen eröffnet; fördert Selbstvertrauen durch eine verbesserte Ausrichtung und Konzentration; besonders hilfreich als telepathischer Stein und zur Heilung.

Lepidolith: Beruhigendes Mineral; entspannt und beseitigt Stress, während es Ihnen bei der Anbindung an Ihr höheres Selbst behilflich ist.

Malachit: Hervorragender Heilstein; verbessert Ihre körperliche Gesundheit, indem er das Herz stärkt; bringt durch die Heranführung an Ihre Lebensaufgabe Fülle in Ihr Leben.

Moldavit: Außergewöhnliche Schwingung; erweitert durch Achtsamkeit das Bewusstsein; hilft Ihnen bei der Kontaktaufnahme mit aufgestiegenen Meistern.

Mondstein: Stein des Neubeginns und Glücksbringer; ermutigt zu positiver Veränderung; beschützt Reisende.

Obsidian: Natürlicher Schutz für empfindsame Menschen; verscheucht Negativität und Schmerz; vertreibt unerwünschte Gefühle.

Regenbogen-Obsidian: Hilfreich beim Verständnis der Gegenwart in Relation zur Vergangenheit; unterstützt Sie beim Loslassen überholter Glaubenssätze und Wertungen.

Schneeflocken-Obsidian: Vermindert Angst und stellt Ihren Fokus neu ein, damit Sie sich auf positive Resultate konzentrieren können.

Onyx: Steigert Ihre Wahrnehmung von Träumen und Visionen, schenkt Gelassenheit und Erdung; gut für Menschen, die ihre Konzentrationsfähigkeit verbessern wollen.

Opal: Die Essenz der Harmonie; bringt alle körperlichen Ebenen ins Gleichgewicht, um ein Gefühl des Friedens zu schaffen.

Peridot: Klärt Ihr Herz, damit es besser fühlen kann; unterstützt Wohlbefinden in allen Bereichen Ihres Lebens; unschätzbar für das Entwickeln von Ehrlichkeit und Aufrichtigkeit in Beziehungen.

Perle: Symbol der Unversehrtheit, Reinheit und Anmut; besonders guter Energieleiter zu den himmlischen Ebenen; sehr wirksam in Verbindung mit bunten Steinen.

Platin: Hochgradig wirksamer Energieleiter, der Energie mit großer Geschwindigkeit überträgt; besonders wirksam in Verbindung mit Diamanten.

Pyrit: Hilft bei der Schaffung materieller Fülle; stabilisierend bei der Meditation, was Ihre Fähigkeit verstärkt, diverse Energien zu harmonisieren.

Quarz (klarer Quarz–Bergkristall): Bringt Wohltaten aller Art in Ihr Leben; man glaubt, dass er die Sterne in die Seele trägt; verbessert Ihr spirituelles Bewusstsein und intensiviert den Erwachungsprozess; harmonisiert Energien.

Blauer Quarz: Hilfreiches Werkzeug bei der Auseinandersetzung mit emotionalen Themen; wirksames Reinigungsmittel für die Klärung Ihrer Umgebung, insbesondere zur Unterstützung harmonischer Wechselwirkungen.

Grüner Quarz: Inspiriert Kreativität; zieht Erfolg und Fülle an; fördert Ihre intuitiven Fähigkeiten in Verbindung mit Liebe.

Orangenquarz: Bringt Ihre Gefühle ins Gleichgewicht; beruhigt und besänftigt, während er Ihre Kreativität und Empfänglichkeit für göttliche Inspiration intensiviert.

Rauchquarz: Hervorragender Meditationskristall, der erdet und zentriert; hilft bei der Beseitigung von Ängsten; verbessert Ihre Traumwahrnehmung.

Rosenquarz: Fördert die Bereitschaft, sich für emotionale Bindungen auf allen Ebenen zu öffnen; richtet Energie auf Eigenliebe; fördert inneren Frieden, Ruhe und Heilung.

Rhodochrosit: Erleichtert Momente der Veränderung; dient als Verbindung zwischen den höheren und niederen Chakren mit dem Ziel, eine ausgeglichene und liebevolle Herangehensweise an das Leben zu gewährleisten.

Rhodonit: Gut für Musiktherapie, um Klang und Töne zu verstärken, Singweisen und Melodien zu vertiefen; wirksamer Stein zum Loslassen alter Muster und Schmerz.

Rubin: Verstärkt Liebe; lässt Ihre Herzensverbindungen erkennen; öffnet Sie für Selbstliebe, um die Liebe und Hingabe anderer annehmen zu können.

Sandrose: Die Wüstenrose verstärkt Gefühle des Wohlbefindens und lässt Sie Ihren persönlichen Wert im universellen Plan erkennen.

Saphir: Beseitigt kreisende Gedanken im Kopf; verbessert Ihre organisatorischen und intuitiven Fähigkeiten.

Selenit: Verschafft Ihnen Zugang zu Informationen von den Pleiaden; heilt Negativität und Ängste; fördert die Orientierungs- und Reinigungsfähigkeit.

Silber: Weibliche, empfängliche Energie, die sich sanft mit Edelsteinen und Kristallen verbindet, um deren Eigenschaften zu verstärken.

Smaragd: Stein des Herzens; ausgezeichnet geeignet für Traumarbeit und Meditation; hilft bei der Vertiefung von Spiritualität und Bewusstsein; ein kostbarer Edelstein, der sich für alle Formen von Heilung eignet.

Sodalith: Hilft Ihnen, sich von Kontrollzwang zu lösen; intensiviert außersinnliche Wahrnehmung; wunderbarer Stein für alle Belange des dritten Auges.

Sugilith: Verstärkt die Aktivität der Zirbeldrüse und der Hypophyse, um Ihren physischen und Astralleib miteinander zu verbinden.

Tigerauge: Verbessert den Kontakt mit Ihrer Urkraft und stärkt Ihre Entschlussfähigkeit; verbessert Einsichten und löst Starrsinn auf; fördert Selbstvertrauen.

Rotes Tigerauge: Baut Ihr Selbstvertrauen auf, indem es Ihre innere Weisheit und Führung anzapft; hervorragender Stein für öffentliche Reden.

Topas: Meisterstein mit einer erhöhten Schwingung; übermittelt Botschaften, heilt in hohem Tempo, besonders an die, deren Herz geöffnet ist.

Blauer Topas: Der Stein mit einer erhöhten Schwingung für Schriftsteller und alle, die mit dem Schreiben zu tun haben; bringt Ihre Kreativität mit Ihrer Lebensaufgabe in Einklang.

Goldtopas: Edelstein der Freude, mit dessen Hilfe Sie Reichtum, Wohlbefinden und Liebe anziehen; er hilft Ihnen, Ihr Kronenchakra weit für den Kontakt mit den himmlischen Mächten zu öffnen.

Rosa Topas: Aphrodisiakum, das Liebe auf vielen Ebenen anzieht; Herzchakra-Stein, der Ihre Fähigkeit zu bedingungsloser Liebe verstärkt.

Weißer Topas: Erhöht Ihre Schwingungsfrequenz; beseitigt alte Energie und intensiviert Ihre Gefühle der Verbindung mit dem Göttlichen.

Turmalin: Bedeutender Stamm von Heilsteinen, der nach eigenem Ermessen Energie lenkt; schafft eine Chakrabrücke spiritueller Ausdehnung, wenn er in Verbindung mit anderen Steinen benutzt wird.

Grüner Turmalin: Verjüngender und erneuernder Edelstein; öffnet Ihr Herzchakra für Begeisterung und Freude am Leben.

Rosa Turmalin: Zur weiblichen Harmonisierung, hilft Ihnen, Hingabe und universelle Geschenke anzunehmen.

Schwarzer Turmalin: Eignet sich ausgezeichnet zur Beseitigung von Negativität in allen Formen, ganz besonders von elektromagnetischer Strahlung, die von Mobiltelefonen und Computern ausgeht; verbindet Sachlichkeit mit Kreativität, damit Sie Ihre Ziele besser erreichen können.

Wassermelonen-Turmalin: Verbindet Mitgefühl und Begeisterung, um auf der physischen und spirituellen Ebene Liebe entstehen zu lassen.

Türkis: Verbindet die Energien von Himmel und Erde; Heiler des Geistes, der Einsicht, Vertrauen und Sanftmut herbeiführt; Stein des Schamanen.

Zinnober: Häufig als Stein der Kaufleute bezeichnet; fördert lukrative geschäftliche Transaktionen, wobei er das richtige Gespür für Reichtum vermittelt.

Steine für verschiedene Situationen, Symptome und Wünsche

HEILZIEL	STEIN
Albträume	Amethyst, Chalcedonit, Rhodonit
Allergien	Chrysokoll
Angstzustände	Citrin, Lapislazuli, Rauchquarz
Anorexie (Magersucht)	Moos-Achat, Rhodochrosit
Appetitverlust	Mondstein
Arthritis	Kupfer, Rauchquarz
Asthma	Grüner Turmalin, Rhodonit
Astralreisen	Angelit, Apophyllit, grüner Calcit
Atmung	Bernstein
Bauchspeicheldrüse	Grüner Moos-Achat
Beine	Jade
Beruhigung	Blauer Spitzen-Achat, Bergkristall, Rosenquarz
Blase	Karneol
Blinddarmentzündung	Karneol, Citrin
Blut	Karneol, Hämatit
Blutdruck	Dioptas, Türkis
Bronchitis	Pyrit, roter Jaspis, Quarz mit Einkerbungen
Brust	Amethyst, Peridot
Darm	Bernstein, Malachit

HEILZIEL	STEIN
Depression	Azurit, Kunzit, Topas
Diabetes	Amethyst, Jaspis, Malachit
Eierstöcke	Tigerauge, Mondstein
Empfängnis	Koralle, Granat
Entfernung von Wesenheiten	Obsidian, Onyx
Entzündungen	Rubin, Türkis
Epilepsie	Moldavit
Erinnerungsvermögen	Bernstein, Feuer-Achat, Pyrit
Erkältungen	Klarer oder violetter Fluorit
Finger- und Fußnägel	Calcit, Opal, Perle
Fülle/Reichtum	Zinnober, Jade
Füße	Aquamarin, Onyx
Gallenblase	Granat, Jaspis, Malachit
Gebrochenes Herz	Malachit, rosa Topas, Rosenquarz
Geburt	Jaspis, Mondstein, Rubin
Geldsorgen	Zinnober, Citrin, Jade
Gelenke	Dioptas, Hämatit
Genitalien	Granat, Obsidian, Rauchquarz
Geschäftliche Angelegenheiten	Zinnober, Sodalith
Gesunde Augen	Aquamarin, Rhodochrosit
Gewichtsabnahme	Labradorit
Haare	Malachit, Opal, Quarz
Hals	Bernstein, Turmalin, Türkis
Hände	Quarz (Bergkristall)

HEILZIEL	STEIN
Harntrakt	Bernstein, Citrin, Jade
Haut	Azurit-Malachit
Hellsichtigkeit	Amethyst, Azurit, Bergkristall
Herz	Dioptas, Gold, Peridot
Hörvermögen	Lapislazuli, Saphir, Sodalith
Hundebiss	Amethyst, Karneol, Dioptas
Hypophyse	Amethyst, Fluorit, Lapislazuli
Immunsystem	Blauer Quarz, Lepidolit, Malachit
Impotenz	Granat
Juckreiz	Azurit, Malachit
Knochen	Calcit, goldenes Tigerauge
Knochenbrüche	Calcit, Hämatit, Dioptas
Koliken	Jade, Malachit
Koma	Moldavit
Kopfschmerzen	Amethyst, blauer Spitzen-Achat, Sugilith
Kraftgewinnung	Bernstein, Jaspis, Peridot
Krebs	Rhodochrosit, Sugilith
Kreislauf	Citrin, Pyrit, Rubin
Lebensaufgabe	Bergkristall, Smaragd
Leber	Azurit und Malachit, Peridot, Rhodochrosit
Lunge	Chrysokoll, Dioptas
Magengeschwüre	Chrysokoll, goldenes Tigerauge, Pyrit
Menopause	Granat, Lapislazuli, Mondstein

Heilziel	Stein
Menstruation	Mondstein, Rauchquarz
Migräne	Dioptas, Turmalin
Missbrauch	Rauchquarz
Mund	Sodalith
Nebenhöhlen	Fluorit
Nieren	Karneol, Honig-Calcit, Jade
Ohren	Bernstein, blauer Fluorit, Saphir
Rauchen	Amethyst, Aventurin
Reduzierung von Angst	Orangen-Calcit, Orangenquarz
Rücken	Blauer Calcit, Goldtopas
Schilddrüse	Chrysokoll, Lapislazuli, Peridot
Schlaflosigkeit	Fluorit, Lapislazuli, Sodalith
Schmerz	Malachit, Sugilith
Schwangerschaft	Dioptas, Rosenquarz
Sehvermögen	Smaragd, Fluorit, Rhodochrosit
Selbstvertrauen	Aventurin, Gold
Stress	Azurit-Malachit, Türkis
Suchtverhalten	Aventurin
Thymusdrüse	Aquamarin, Rhodochrosit
Trauer	Lapislazuli, Obsidian, Rosenquarz
Träume	Diamant, Quarz mit Einkerbungen
Venen	Aquamarin, Opal
Veränderungen	Granat, rosa Turmalin, Rauchquarz

HEILZIEL	STEIN
Verbrennungen	Augen-Achat, Sodalith
Vergangene Leben	Amethyst, Obsidian
Versagensängste	Aquamarin, Mondstein, rotes Tigerauge
Wirbelsäule	Jaspis, Labradorit
Zähne	Calcit, Fluorit
Zirbeldrüse	Bergkristall, Fluorit

Literatur

Bauer, M., Precious Stones. New York, NY: Dover Publications, 1968.

Dolfyn, Crystal Wisdom. Oakland, CA: Earthspirit Inc., 1989.

Fuller, S., Rocks & Minerals. London, England: Dorling Kindersley Publishing, 1995.

Gardner-Gordon, J., Color and Crystals: A Journey Through the Chakras. Freedom, CA: The Crossing Press, 1988.

Hall, J., The Crystal Bible. Hampshire, England: Godsfield Press, 2003.

Kunz, G. F., The Curious Lore of Precious Stones. New York, NY: Dover Publications, 1971.

Kynes, S., Gemstone Feng Shui. St. Paul, Minnesota, USA: Llewellyn Publications, 2002.

Lee, J., The Crystal and Mineral Guide. Baldoyle, Irland: Aeon Press, 1998.

Raphaell, K., Crystal Enlightenment. Santa Fe, New Mexico, USA: Aurora Press, 1985.

Simpson, L., The Book of Crystal Healing. New York, NY: Sterling Publishing Company, 1997.

Thompson, H. L., Legends of Gems. Los Angeles, CA: Graphic Press, 1937.

Den folgenden Personen meinen Dank und Segen…

… von Doreen Virtue

Mein Dank geht an Louise Hay; Reid Tracy, Jill Kramer, Christy Salinas; Amy Rose Szalkiewicz; Lisa Iris; Steven Farmer; Shankari; Hermes/Thoth; die Reiche der Engel und Elementarwesen und die aufgestiegenen Meister; Earth-Works; und dem Licht und der Liebe in allem und jedem.

… von Judith Lukomski

Mein ewiger Dank der liebevollen Führung Gottes, der Engel, der aufgestiegenen Meister und des Reichs der Mineralien. Mit Freude bedanke ich mich bei allen, die eine Rolle bei diesem Projekt gespielt haben. Jeder Einzelne von ihnen hielt im richtigen Augenblick ein einzigartiges Geschenk bereit:

Doreen, du verkörperst Liebe und inspirierst durch deine Arbeit und Aktionen. Mit dir zusammenzuarbeiten, um die Botschaft der Kristallmacht weiterzugeben, war ein aufregendes und äußerst vergnügliches Unternehmen! Dank dem Hay House-Team für seine hingebungsvollen Bemühungen, Instrumente zur persönlichen Kraftgewinnung zu produzieren. Cheryl Maneff, deine kunstvollen Fotografien haben die einzigartige Schönheit und Persönlichkeit jedes Steins wunderbar eingefangen. Ken Lauher von der Firma Ken's Jewelerjs of Laguna Beach, die Auswahl von

Steinraritäten aus deiner persönlichen Sammlung ist ein hinreißendes Beispiel für die einmalige Kunst der Natur.

Ein besonderer Dank geht an die Kristalle, Lehrer und Beschützer, die ich auf meinem Weg getroffen habe. Danke, dass ihr mich so großzügig und begeistert an eurer Weisheit teilnehmen ließet. Ganz viel Liebe an meine Familie: Benjamin, Irene, Jeffery, Steve; und ein besonderer Dank an meine Schwester Barbara für ihre Perspektive. Ich bin gesegnet mit wunderbaren Freunden, die mich mit Liebe, Lachen und Licht umgeben: Chris und Mark Marmes, Lynnette Brown, Angie Hartfield, Laura Underwood, Scott Bishop, James und Debra Fitts, Gayle Greco, Nigel und Ann Griffiths und meine Freunde in Colorado - ich danke euch allen von Herzen.

Für die Angel Therapy Practitioner-Gemeinde, den Chakra Shack und all die wundervollen Individuen, die mir durch meine Engel-Readings und intuitiven Konsultationen begegnet sind: ich fühle mich geehrt, euch zu kennen. Und schließlich, liebe Leser, ist es ein Privileg, Teil Ihrer Verbindung mit den Kristallen zu sein - und vergessen Sie nicht: Haben Sie Spaß an der Sache! Ich wünsche Ihnen allen heute und in Zukunft die Segnungen des Himmels und der Erde. Namaste.

Über die Autorinnen

Doreen Virtue, Ph.D., ist eine Metaphysikerin der vierten Generation und Ärztin, die mit den Ebenen der Engel, Elementarwesen und aufgestiegenen Meister arbeitet. Sie benutzt Kristalle sowohl in ihrem persönlichen Leben als auch bei ihrer Arbeit, die sie in ihrem Buch »Medizin der Engel« beschrieben hat.

Doreen ist die Verfasserin mehrere Bestseller und Produkte, einschließlich des Buches »Die Heilkraft der Engel« und der gleichnamigen »Orakelkarten«.

Sie war Gast bei Oprah, CNN, Good Morning America, und Interviews mit ihr sind in Zeitungen und Magazinen weltweit erschienen. Darüber hinaus gibt Doreen Kurse zum Thema ihrer Bücher. Für Informationen bezüglich ihrer Produkte, Seminare oder um ihren kostenlosen monatlichen Internet-Newsletter zu erhalten, besuchen Sie bitte **www.angeltherapy.com**.

Judith Lukomski ist eine begnadete Intuitive, Kristallenergie-Heilerin und Rednerin. Durch ihre lebenslange Hingabe an spirituelle Entwicklung zusammen mit einem erfolgreichen Werdegang im Bereich Unternehmensmanagement und Psychologie bietet sie praktische Werkzeuge zur Integration metaphysischer Prinzipien ins alltägliche Leben. Judith hat eine einzigartige Verbindung mit der Energie der Kristalle. Sie arbeitet in Partnerschaft mit den Bereichen der Engel, Elementarwesen und aufgestiegenen Meister, indem sie als Kanal fungiert, um Einsichten zur Förderung persönlichen Wachstums und innerer Stärkung weiterzugeben.

Für Informationen bezüglich individueller Konsultationen, Auswahl eines persönlichen Steins, Kristall-Seminaren und Seminaren zur Entwicklung der Intuition sowie für Diplomkurse und Veröffentlichungen besuchen Sie bitte **www.crystalfriends.com**. Erzählen Sie Judith Ihre Kristallgeschichten unter: **mystory at crystalfriends.com** oder nehmen Sie auf dem Postweg Kontakt mit ihr auf: Judith Lukomski, P.O. Box 4017, Dana Point, CA 92629, USA.

Register

Allegria

Die beliebten Karten-decks der erfolg-reichen Engel-Autorin

Das Heil-Orakel der Feen
44 Karten mit Anleitung
9,5 x 13,5 cm
ISBN: 3-7934-2029-9

Das Erzengel-Orakel
45 Karten mit Anleitung
9,5 x 13,5 cm
ISBN: 3-7934-2028-0

Mit diesen **Orakel-Karten** finden Sie einen persönlichen Zugang zur Welt der Engel, die uns helfen, innere Kraft und Zuversicht zu gewinnen.

Das Heil-Orakel der Engel
44 Karten mit Anleitung
9,5 x 13,5 cm
ISBN: 3-7934-2017-5

Allegria

Doreen Virtues neue himmlische Botschaften

DOREEN VIRTUE
Botschaft der Engel
Gebunden mit
Schutzumschlag
272 Seiten
€ [D] 19,95 / € [A] 20,60
sFr 34,80
ISBN 978-3-7934-2107-8

DOREEN VIRTUE
Das Orakel
der himmlischen Helfer
Engel & Schutzheilige
44 Karten mit Anleitung
€ [D] 19,95 / € [A] 20,60 / sFr 34,80
ISBN 978-3-7934-2073-6

Die Chakra-Reinigung nach der Doreen-Virtue-Methode

DOREEN VIRTUE
Chakra Clearing
Die Reinigung der sieben Energiezentrum
144 Seiten
€ [D] 18,– / € [A] 18,50
sFr 31,60
ISBN 978-3-7934-2099-6

In diesem Buch und auf der beliegenden CD werden die Funktionen der Hauptchakras erklärt und eine spirituelle Methode unterrichtet, mit deren Hilfe wir die Chakras von Angst reinigen können. Unser natürlicher Seinszustand zeichnet sich durch hohe Energie, Intuition und Kreativität aus. Es gibt nichts, was wir hinzufügen müssten, um diese Eigenschaften genießen zu können – sie sind bereits ein Teil unseres innersten Wesenskerns. So wie ein Bildhauer die Teile der Statue abschleifen muss, die nicht Aspekte der ihm vorschwebenden Kreation sind, müssen auch wir nur die Gedanken der Angst beseitigen, um unsere inneren Qualitäten freizulegen.